Itália em Sabores

Uma Viagem Culinária pelas Receitas Tradicionais

Giovanni Bianchi

CONTEÚDO

Linguine com alho, azeite e calabresa 8

Espaguete com alho e azeitonas 10

Linguine com pesto 12

Espaguete fino com nozes 15

Linguine com tomate seco 17

Espaguete com pimentão, pecorino e manjericão 20

Penne com abobrinha, manjericão e ovo 24

Macarrão com Ervilhas e Ovos 27

Linguine com feijão verde, tomate e manjericão 30

Espigas de trigo com creme de batata e rúcula 33

Macarrão e batatas 36

Mexilhões com couve-flor e queijo 40

Macarrão com couve-flor, açafrão e groselha 42

Voa com alcachofras e ervilhas 46

Fettuccine com alcachofras e cogumelos 49

Rigatoni com ragu de berinjela 54

Espaguete Siciliano com Berinjela 57

Borboleta com brócolis, tomate, pinhões e passas 60

Cavatelli com alho verde e batata 63

Linguine com abobrinha 66

Penne com legumes grelhados 69

Penne com cogumelos, alho e alecrim 73

Linguine com beterraba e alho 75

Voe com beterraba e verduras 78

Macarrão com salada 81

Fusilli com tomate assado 83

Cotovelo com batata, tomate e rúcula 87

Língua românica em estilo camponês 90

Penne com legumes primavera e alho 93

"Puxar" macarrão com creme e cogumelos 96

Massa romana com tomate e mussarela 99

Fusilli com atum e tomate 101

Linguine com pesto siciliano 103

Espaguete com pesto "louco" 105

Voe com molho puttanesca cru 107

Macarrão com vegetais crus 109

"Depressa" com o espaguete 111

Penne "zangado" 114

Rigatoni com ricota e molho de tomate 116

Borboleta com tomate cereja e migalhas 118

Ziti com espinafre e ricota 120

Rigatoni com quatro tipos de queijo 123

Linguine com molho cremoso de nozes 125

Voo com Amaretti 128

Espaguete com ovo frito à Salerno 130

Suflês de tagliarini 133

Espaguete no carvão 138

Bucatini com tomate, pancetta e calabresa 140

Penne com pancetta, pecorino e pimenta preta 143

Penne com carne de porco e couve-flor 147

Espaguete com molho de vodka 150

Borboleta com espargos, natas e presunto 153

Penas "puxadas" com molho de carne 155

Espaguete estilo Caruso 158

Pennes com feijão e pancetta 161

Macarrão com grão de bico 165

Rigoletto de Rigatoni 167

Espaguete frito da Anna 170

Timbale de macarrão de berinjela 174

Ziti Frito 179

Macarrão frito siciliano 182

Macarrão Assado por Sophia Loren 187

Linguine com molho de mexilhão 190

Espaguete toscano com mexilhões 194

Linguine com anchovas e molho de tomate picante 198

Linguine com camarões e tomates pequenos 201

Linguine com molho misto de frutos do mar 204

Espaguete fino com pauzinhos 208

Espaguete veneziano integral com molho de anchova 210

Espaguete estilo Capri 213

Linguine veneziano com camarões 216

Linguine com alho, azeite e calabresa

Linguine Aglio, Olio e Peperoncino

Para 4-6 refeições

Alho, azeite extra virgem frutado, salsa e páprica são temperos fáceis para esta deliciosa massa. O azeite virgem extra é importante, assim como o alho fresco e a salsa. Cozinhe o alho lentamente para dar ao azeite seu sabor rico. A cor do alho não deve ficar mais dourada, caso contrário terá um sabor amargo e picante. Alguns cozinheiros deixam de lado a salsa, mas gosto do sabor fresco.

1/2 xícara de azeite extra virgem

4-6 dentes de alho grandes, em fatias finas

1/2 colher de chá de pimenta vermelha esmagada

1/3 xícara de salsinha fresca picada

Sal

1 libra de linguine ou espaguete

1. Despeje o óleo em uma panela grande o suficiente para conter o macarrão cozido. Adicione o alho e a pimenta vermelha esmagada. Cozinhe em fogo médio-alto, mexendo sempre, até o alho ficar dourado, cerca de 4 a 5 minutos. Junte a salsa e desligue o fogão.

2. Ferva pelo menos 4 litros de água fria. Adicione 2 colheres de sopa de sal, depois adicione o macarrão e pressione até ficar totalmente submerso. Cozinhe em fogo alto, mexendo sempre, até que a massa fique al dente, macia, mas firme na mordida. Reserve um pouco da água do cozimento. Coe o macarrão e coloque na panela junto com o molho.

3. Mexa e cozinhe em fogo médio-alto até que a massa esteja bem revestida com o molho. Se a massa parecer seca, adicione um pouco da água reservada para cozinhar. Sirva imediatamente.

Execução: Adicione azeitonas pretas ou verdes picadas, alcaparras ou anchovas junto com o alho. Sirva com pão ralado torrado em azeite ou polvilhado com queijo ralado.

Espaguete com alho e azeitonas

Espaguete al Aglio e Azeitona

Para 4-6 refeições

Você pode fazer rapidamente este molho para macarrão com azeitonas que você mesmo tira e pica, mas a pasta de azeitona preparada é mais conveniente. Como a pasta de azeitona e as azeitonas podem ser salgadas, não adicione queijo ralado a este prato.

1/4 xícara de azeite

3 dentes de alho em fatias finas

Uma pitada de pimenta vermelha moída

1/4 xícara de pasta de azeitona verde ou a gosto ou 1 xícara de azeitonas verdes picadas sem caroço

2 colheres de sopa de salsa fresca picada

Sal

1 kg de espaguete ou linguine

1. Despeje o óleo em uma panela grande o suficiente para conter o macarrão cozido. Adicione o alho e a pimenta vermelha esmagada. Cozinhe em fogo médio até o alho ficar dourado, cerca de 4-5 minutos. Junte a pasta de azeitona ou as azeitonas e a salsa e retire a panela do fogo.

2. Leve 4 litros de água para ferver em uma panela grande. Adicione 2 colheres de sopa de sal, em seguida adicione o macarrão e pressione suavemente até ficar completamente submerso na água. Cozinhe em fogo alto, mexendo sempre, até que a massa fique al dente, macia, mas firme na mordida. Reserve um pouco da água do cozimento. Coe o macarrão e coloque na panela junto com o molho.

3. Mexa e cozinhe em fogo médio-alto até que a massa esteja bem revestida com o molho. Adicione um pouco de água fervente se a massa parecer seca. Sirva imediatamente.

Linguine com pesto

Linguine com pesto

Para 4-6 refeições

Na Ligúria, o pesto é preparado esmagando o alho e as ervas em um pilão até formar uma pasta grossa. Lá eles usam diferentes tipos de manjericão de sabor suave e folhas pequenas de não mais que meio centímetro. O pesto que ele faz é muito mais saboroso do que o pesto de manjericão disponível nos Estados Unidos. Para chegar mais perto do sabor do pesto da Ligúria, adiciono um pouco de salsa. A salsa conserva melhor a cor do que o manjericão, que tende a escurecer quando picado, e o pesto permanece verde aveludado. Se você estiver viajando pela Ligúria e gosta de jardinagem, compre um pacote de pequenas sementes de manjericão e plante-as na sua horta. Não há proibição de trazer sementes embaladas da Itália para casa.

1 xícara de folhas de manjericão bem embaladas, lavadas e secas

¼ xícaras de salsinha fresca bem embalada, lavada e seca

2 colheres de sopa de pinhões ou amêndoas escaldadas

1 dente de alho

Sal grosso

⅓ xícara de azeite extra virgem

1 libra de linguine

½ xícara de Parmigiano-Reggiano ralado na hora

2 colheres de sopa de manteiga sem sal, amolecida

1. Pique finamente o manjericão e as folhas de salsa com os pinhões, o alho e uma pitada de sal num processador de alimentos. Aos poucos, adicione o azeite em um fio fino e mexa até ficar homogêneo. Prove o tempero.

2. Leve 4 litros de água para ferver em uma panela grande. Adicione 2 colheres de sopa de sal, em seguida adicione o macarrão e pressione suavemente até ficar completamente submerso na água. Misture bem. Cozinhe,

mexendo sempre, até que a massa fique al dente, macia, mas firme na mordida. Reserve um pouco da água do cozimento. Escorra a massa.

3. Coloque a massa em uma tigela grande aquecida. Adicione o pesto, o queijo e a manteiga. Misture bem, adicionando um pouco de água do macarrão se necessário para diluir o pesto. Sirva imediatamente.

Espaguete fino com nozes

Espaguete com Noci

Para 4-6 refeições

Esta é uma receita napolitana frequentemente consumida nas refeições sem carne de sexta-feira. Para este molho de macarrão, é necessário picar as nozes bem fininhas para que os pedaços grudem na massa ao virá-las. Pique-os conforme desejar com uma faca ou use um processador de alimentos, mas não bata.

1/4 xícara de azeite

3 dentes grandes de alho, levemente esmagados

1 xícara de nozes picadas

Sal

1 libra de espaguete, linguine fino ou aletria

1/2 xícara de Pecorino Romano ralado na hora

Pimenta preta moída na hora

2 colheres de sopa de salsa fresca picada

1. Despeje o óleo em uma panela grande o suficiente para conter o macarrão. Adicione o alho e cozinhe em fogo moderado. Pressione o alho ocasionalmente com as costas de uma colher até obter uma cor dourada profunda (cerca de 3-4 minutos). Retire o alho da panela. Junte as nozes e cozinhe até dourar levemente, cerca de 5 minutos.

2. Leve pelo menos 4 litros de água para ferver em uma panela grande. Adicione 2 colheres de sopa de sal e depois o macarrão. Misture bem. Cozinhe em fogo alto, mexendo sempre, até que a massa fique al dente, macia, mas firme na mordida. Escorra o macarrão e reserve um pouco da água do cozimento.

3. Misture o macarrão com o molho de nozes e água do cozimento suficiente para mantê-lo úmido. Adicione o queijo e uma pitada generosa de pimenta-do-reino. Jogue bem. Adicione salsa e sirva imediatamente.

Linguine com tomate seco

Linguine com Pomodori Secchi

Para 4-6 refeições

Um pote de tomates secos marinados na despensa e convidados inesperados foram a inspiração para este prato rápido de massa. O óleo no qual a maioria dos tomates secos em conserva são embalados geralmente não é da melhor qualidade. É por isso que prefiro escorrer e adicionar meu próprio azeite de oliva extra virgem a este molho simples.

1 xícara de tomate seco em conserva, escorrido

1 dente de alho pequeno

1/4 xícara de azeite extra virgem

1 colher de sopa de vinagre balsâmico

Sal

1 libra de linguine

6 folhas frescas de manjericão, dobradas e cortadas em tiras finas

1. Misture os tomates e o alho em um processador de alimentos ou liquidificador e bata até ficar bem. Adicione lentamente o azeite e o vinagre e mexa até ficar homogêneo. Prove o tempero.

2. Leve pelo menos 4 litros de água para ferver em uma panela grande. Adicione 2 colheres de sopa de sal, em seguida adicione o macarrão e pressione suavemente até ficar completamente submerso na água. Misture bem. Cozinhe em fogo alto, mexendo sempre, até que a massa fique al dente, macia, mas firme na mordida. Reserve um pouco da água do cozimento. Escorra a massa.

3. Em uma tigela grande, misture o macarrão com o molho de tomate e o manjericão fresco, acrescentando um pouco da água reservada para o macarrão, se necessário. Sirva imediatamente.

Execução: Adicione uma lata de atum escorrido em azeite à massa e ao molho. Ou adicione azeitonas pretas picadas ou anchovas.

Espaguete com pimentão, pecorino e manjericão

Espaguete com calabresa

Para 4-6 refeições

Comer espaguete, linguine ou outra massa longa com colher e garfo não é considerado boas maneiras na Itália, nem cortar os fios em pedaços curtos. Desde tenra idade, as crianças aprendem a enrolar alguns fios de massa num garfo e a comê-la bem, sem mastigar.

Segundo uma das histórias, o garfo de três pontas foi inventado para esse fim em meados do século XIX. Até então, a massa era sempre comida com as mãos e os garfos só tinham duas pontas, pois eram utilizados principalmente para cortar carne. O II Rei Fernando de Nápoles pediu ao camareiro Cesare Spadaccini que encontrasse uma forma de servir massas longas nos banquetes da corte. Spadaccini inventou o garfo de três pontas e o resto é história.

Pimentas frescas são típicas da culinária calabresa. Aqui é combinado com pimentão e servido com espaguete. O pecorino ralado é um contraponto delicioso e salgado à doçura do pimentão e do manjericão.

1/4 xícara de azeite

4 pimentões vermelhos grandes, cortados em tiras finas

1 ou 2 pimentões frescos pequenos, sem sementes e picados, ou uma pitada de pimenta vermelha moída

Sal

2 dentes de alho em fatias finas

12 folhas de manjericão fresco em fatias finas

1/3 xícara de Pecorino Romano ralado na hora

1 quilo de espaguete

1. Aqueça o azeite em uma frigideira grande o suficiente para conter o macarrão cozido em fogo médio-alto. Adicione páprica, pimenta e sal. Cozinhe por 10 minutos, mexendo ocasionalmente.

2. Junte o alho. Tampe e cozinhe por mais 10 minutos ou até os pimentões ficarem bem macios. Retire do fogo e junte o manjericão.

3. Leve pelo menos 4 litros de água para ferver em uma panela grande. Adicione 2 colheres de sopa de sal, em seguida adicione o macarrão e pressione suavemente até ficar completamente submerso na água. Misture bem. Cozinhe, mexendo sempre, até o espaguete ficar al dente, macio, mas firme na mordida. Reserve um pouco da água do cozimento. Coe o macarrão e coloque na panela junto com o molho.

4. Cozinhe em fogo moderado por 1 minuto, mexendo sempre. Misture bem e adicione um pouco de água do macarrão. Adicione o queijo e misture novamente. Sirva imediatamente.

Penne com abobrinha, manjericão e ovo

Penne com abobrinha e uova

Para 4-6 refeições

Continua o mito de que a massa foi "inventada" na China e trazida para a Itália por Marco Polo. Embora Polo tenha comido macarrão durante sua visita à China, a massa já era conhecida na Itália muito antes de seu retorno a Veneza em 1279. Arqueólogos encontraram desenhos e recipientes para cozinhar que lembram ferramentas modernas para fazer macarrão, como um rolo e uma tábua de cortar, em uma tumba etrusca em B.C. do século IV. AC Não. Norte de Roma. A lenda provavelmente remonta à sua interpretação do explorador veneziano em Hollywood no filme de 1930, estrelado por Gary Cooper.

Nesta receita napolitana, os ovos são cozidos no calor do macarrão e dos legumes até ficarem cremosos e levemente firmes.

4 abobrinhas médias (aprox. 5 kg), descascadas

1/3 xícara de azeite

1 cebola pequena, finamente picada

Sal e pimenta preta moída na hora

3 ovos grandes

1/2 xícara de Pecorina Romano ou Parmigiano-Reggiano ralado na hora

1 quilo de lápis

1/2 xícara de manjericão fresco picado ou salsa

1. Corte a abobrinha em fatias de 1/4 polegada de espessura e cerca de 11/2 polegada de comprimento. Seque as peças.

2. Despeje o óleo em uma panela grande o suficiente para conter o macarrão cozido. Adicione a cebola e cozinhe em fogo médio-alto, mexendo de vez em quando, até ficar macia, cerca de 5 minutos. Adicione a abobrinha e

cozinhe, mexendo sempre, até dourar levemente, cerca de 10 minutos. Sal e pimenta.

3. Em uma tigela média, tempere os ovos com queijo, sal e pimenta.

4. Enquanto a abobrinha assa, ferva cerca de 4 litros de água em uma panela grande. Adicione 2 colheres de sopa de sal e macarrão. Misture bem. Cozinhe em fogo alto, mexendo sempre, até que a massa fique al dente, macia, mas firme na mordida. Reserve um pouco da água do cozimento. Coe o macarrão e coloque na panela junto com o molho.

5. Misture a massa com a mistura de ovos. Adicione o manjericão e misture bem. Se a massa parecer seca, adicione um pouco da água do cozimento. Adicione uma pitada generosa de pimenta e sirva imediatamente.

Macarrão com Ervilhas e Ovos

Macarrão com Piselli

Para 4 porções

Quando eu era criança, minha mãe costumava fazer esse prato à moda antiga. Ele usou ervilhas enlatadas, mas eu gosto das congeladas porque têm um sabor mais fresco e uma textura mais firme. Quebrar o espaguete em pedaços pequenos pode ir contra a tradição, mas é a chave para a origem da receita. Quando as pessoas eram pobres e a comida era abundante, era fácil aumentar os ingredientes adicionando mais água e fazendo sopa.

Esta é uma daquelas refeições que posso sempre fazer porque tenho um saco raro de ervilhas no congelador, massa na despensa e alguns ovos no frigorífico. Como ervilhas, ovos e macarrão enchem muito, costumo fazer essa quantidade para 4 porções. Adicione meio quilo de macarrão se quiser de 6 a 8 porções.

¼ xícara de azeite

1 cebola roxa grande, cortada em fatias finas

1 pacote de ervilhas congeladas, parcialmente descongeladas

Sal e pimenta preta moída na hora

2 ovos grandes

1/2 xícara de Parmigiano-Reggiano ralado na hora

1/2 libras de espaguete ou linguine, quebrado em pedaços de 5 cm

1. Despeje o óleo em uma panela grande o suficiente para conter o macarrão. Adicione a cebola e cozinhe em fogo médio-alto, mexendo de vez em quando, até a cebola ficar macia e levemente dourada, cerca de 12 minutos. Junte as ervilhas e cozinhe por mais 5 minutos até que fiquem macias. Sal e pimenta.

2. Em uma tigela média, tempere os ovos com queijo, sal e pimenta.

3. Leve pelo menos 4 litros de água para ferver em uma panela grande. Adicione 2 colheres de sopa de sal e depois o macarrão. Misture bem. Cozinhe em fogo alto, mexendo sempre, até que a massa esteja macia, mas ligeiramente cozida. Escorra o macarrão e reserve um pouco da água do cozimento.

4. Misture o macarrão com as ervilhas em uma panela. Adicione a mistura de ovos e cozinhe em fogo baixo, mexendo sempre, até os ovos amolecerem levemente, cerca de 2 minutos. Se a massa parecer seca, adicione um pouco da água do cozimento. Sirva imediatamente.

Linguine com feijão verde, tomate e manjericão

Linguiça com Fagiolini

Para 4-6 refeições

A salada de ricota é uma forma de ricota salgada e prensada. Se não conseguir encontrar, substitua por queijo feta suave e sem sal ou ricota fresca e pecorino ralado. Esta massa é típica da Puglia.

12 onças de feijão verde picado

Sal

1/4 xícara de azeite

1 dente de alho picado

5 tomates médios, descascados, sem sementes e cortados em cubos (cerca de 3 xícaras)

Pimenta preta moída na hora

1 libra de linguine

½ xícara de manjericão fresco picado

1 xícara de alface ricota ralada, queijo feta suave ou ricota fresca

1. Ferva 4 litros de água. Adicione o feijão verde e sal a gosto. Cozinhe por 5 minutos ou até ficar crocante. Escorra o feijão verde com uma escumadeira ou peneira, reservando a água. Seque o feijão. Corte o feijão em pedaços de 2,5 cm.

2. Despeje o óleo em uma panela grande o suficiente para conter o macarrão cozido. Adicione o alho e cozinhe em fogo médio até dourar levemente, cerca de 2 minutos.

3. Adicione os tomates e sal e pimenta, se desejar. Cozinhe, mexendo de vez em quando, até os tomates engrossarem e o suco evaporar. Junte o feijão. Cozinhe por mais 5 minutos.

4. Enquanto isso, leve uma panela com água para ferver. Adicione 2 colheres de sopa de sal, depois acrescente o linguine e pressione suavemente até que a massa fique

completamente submersa na água. Cozinhe em fogo alto, mexendo sempre, até que a massa fique al dente, macia, mas firme na mordida. Reserve um pouco da água do cozimento. Coe o macarrão e coloque na panela junto com o molho.

5. Adicione o linguine à panela com o molho. Adicione o manjericão e o queijo e cozinhe novamente em fogo médio até o queijo ficar cremoso. Sirva imediatamente.

Espigas de trigo com creme de batata e rúcula

Orecchiette com creme de patê

Para 4-6 refeições

A rúcula selvagem cresce em toda a Puglia. Com lâmina crocante, estreita e serrilhada e sabor agradável de nozes. As folhas são consumidas cruas e cozidas, muitas vezes acompanhadas de macarrão. As batatas têm amido e são consideradas apenas mais um vegetal na Itália. Portanto, não há dúvida de que na Apúlia é servido principalmente com massas. Cozinhe as batatas até ficarem macias e depois bata-as com água fervente para fazer um creme.

2 batatas médias cozidas, cerca de 12 onças

Sal

¼ xícara de azeite

1 dente de alho picado

1 libra de orecchiette ou vieiras

2 cachos de rúcula (cerca de 8 onças), caules duros removidos, enxaguados e escorridos

Sal e pimenta preta moída na hora

1. Descasque as batatas e coloque-as num tacho pequeno, tempere com sal e cubra com água fria. Leve a água para ferver e cozinhe as batatas até ficarem macias quando furadas com uma faca afiada, cerca de 20 minutos. Escorra as batatas, reservando a água.

2. Despeje o óleo em uma panela média. Adicione o alho e cozinhe em fogo médio até que o alho fique dourado, cerca de 2 minutos. Retire do fogo. Adicione as batatas e amasse bem com um garfo ou espremedor. Misture cerca de um copo da água reservada até formar um "creme" fino. Sal e pimenta.

3. Ferva 4 litros de água. Adicione 2 colheres de sopa de sal e depois o macarrão. Misture bem. Cozinhe em fogo alto, mexendo sempre, até que a massa fique al dente, macia, mas firme na mordida. Adicione a rúcula e mexa uma vez. Escorra o macarrão e a rúcula.

4. Retorne o macarrão e a rúcula para a panela e acrescente o molho de batata. Cozinhe em fogo baixo mexendo sempre, acrescentando um pouco mais de água de batata se necessário. Sirva imediatamente.

Macarrão e batatas

Macarrão e patê

Para 6 refeições

Assim como o macarrão com feijão ou lentilha, o macarrão e a batata são bons exemplos de La Cucina Povera, a maneira do sul da Itália de preparar pratos deliciosos com apenas alguns ingredientes simples. Quando os tempos eram muito ruins e havia muita alimentação, era comum adicionar água extra, geralmente o líquido que sobrava do cozimento de legumes ou macarrão, e esses pratos eram servidos desde o macarrão até a sopa para mantê-los vivos.

1/4 xícara de azeite

1 cenoura média, picada finamente

1 talo de aipo médio, picado finamente

1 cebola roxa média, picada finamente

2 dentes de alho picados finamente

2 colheres de sopa de salsa fresca picada

3 colheres de sopa de pasta de tomate

Sal e pimenta preta moída na hora

1/2 libra de batatas cozidas, descascadas e cortadas em cubos

1 quilograma de tubetti ou mexilhões pequenos

1/2 xícara de Pecorina Romano ou Parmigiano-Reggiano ralado na hora

1. Despeje o óleo em uma panela grande e adicione os ingredientes picados, exceto as batatas. Cozinhe em fogo médio-alto, mexendo ocasionalmente, até ficar macio e dourado, cerca de 15-20 minutos.

2. Junte o purê de tomate e tempere com sal e pimenta. Adicione as batatas e 4 xícaras de água. Deixe ferver e cozinhe até as batatas ficarem bem macias, cerca de 30 minutos. Amasse as batatas com as costas de uma colher.

3. Leve cerca de 4 litros de água para ferver em uma panela grande. Adicione 2 colheres de sopa de sal e depois o macarrão. Misture bem. Cozinhe, mexendo sempre, até que a massa fique al dente, macia, mas firme na mordida. Reserve um pouco da água do cozimento. Misture o macarrão à mistura de batata. Adicione água do cozimento se necessário, mas a mistura deve ficar bem espessa. Junte o queijo e sirva imediatamente.

Mexilhões com couve-flor e queijo

Conchiglie al Cavolfiore

Para 6 refeições

A versátil couve-flor é a estrela de muitos pratos de massa no sul da Itália. Na Sicília, este prato simples era feito com couve-flor roxa local.

1/2 xícara de azeite

1 cebola média picada finamente

1 couve-flor média, limpa e cortada em florzinhas pequenas

Sal

2 colheres de sopa de salsa fresca picada

Pimenta preta moída na hora

1 libra de mexilhões

3/4 xícara de Pecorino Romano ralado na hora

1. Despeje o óleo em uma panela grande o suficiente para conter o macarrão cozido. Adicione a cebola e cozinhe em fogo médio por 5 minutos. Adicione a couve-flor e sal a gosto. Cubra e cozinhe por 15 minutos ou até a couve-flor ficar macia. Junte a salsa e a pimenta-do-reino a gosto.

2. Leve pelo menos 4 litros de água para ferver em uma panela grande. Adicione 2 colheres de sopa de sal e depois o macarrão. Misture bem. Cozinhe em fogo alto, mexendo sempre, até a massa ficar al dente, macia, mas ainda firme. Escorra o macarrão e reserve um pouco da água do cozimento.

3. Adicione o macarrão à panela com a couve-flor e misture bem em fogo médio. Adicione um pouco de água do cozimento, se necessário. Adicione o queijo e polvilhe generosamente novamente com pimenta preta moída. Sirva imediatamente.

Macarrão com couve-flor, açafrão e groselha

Macarrão Arriminati

Para 6 refeições

Das variedades branco-púrpura a verde-ervilha da couve-flor siciliana, elas têm um sabor maravilhoso quando colhidas frescas no outono e no inverno. Esta é uma das muitas combinações de massa siciliana e couve-flor. O açafrão confere cor dourada e sabor delicado, enquanto a groselha e as anchovas conferem doçura e sabor salgado. O pão ralado torrado finaliza com um agradável sabor crocante.

1 colher de chá de açafrão

2/3 xícara de groselhas ou passas escuras

Sal

1 couve-flor grande (aprox. 2 kg), limpa e cortada em florzinhas

1/3 xícara de azeite

1 cebola média picada finamente

6 filés de anchova, escorridos e fatiados

Pimenta preta moída na hora

1/3 xícara de pinhões, levemente torrados

1 libra de amêijoas ou amêijoas

1/4 xícara de pão ralado simples torrado

1. Em uma tigela pequena, borrife os fios de açafrão com 2 colheres de sopa de água fervente. Coloque as passas em outra tigela com água quente para cobri-las. Deixe ambos descansarem por cerca de 10 minutos.

2. Leve pelo menos 4 litros de água para ferver em uma panela grande. Adicione 2 colheres de sopa de sal e couve-flor. Cozinhe, mexendo sempre, até que a couve-flor fique bem macia ao ser furada com uma faca, cerca

de 10 minutos. Corte a couve-flor com uma escumadeira e reserve a água para cozinhar o macarrão.

3. Despeje o óleo em uma panela grande o suficiente para conter o macarrão cozido. Adicione a cebola e cozinhe em fogo médio por 10 minutos. Adicione as anchovas e cozinhe, mexendo sempre, até dissolver, mais 2 minutos. Junte o açafrão e o líquido de imersão. Escorra as passas e coloque-as na panela.

4. Junte a couve-flor cozida. Retire da água do cozimento e coloque na panela com a couve-flor. Cozinhe por 10 minutos, amassando a couve-flor com as costas de uma colher até que ela se desfaça em pedacinhos. Sal e pimenta a gosto. Junte os pinhões.

5. Enquanto a couve-flor cozinha, deixe ferver novamente a água do cozimento. Adicione o macarrão e misture bem. Cozinhe em fogo alto, mexendo sempre, até que a massa fique al dente, macia, mas firme na mordida. Reserve um pouco da água do cozimento. Coe o macarrão e coloque na panela com a mistura de couve-flor. Misture bem e

adicione um pouco de água do cozimento se a massa parecer seca.

6. O macarrão é servido polvilhado com pão ralado torrado.

Voa com alcachofras e ervilhas

Farfalle com Carciofi

Para 4-6 refeições

Embora muitos resorts italianos estejam fechados durante os meses de inverno, a maioria reabre na Páscoa. Foi a mesma coisa em Portofino este ano quando estive lá, embora o tempo estivesse chuvoso e frio. Finalmente o céu clareou, o sol apareceu e eu e meu marido pudemos almoçar no terraço do nosso hotel com vista para o mar.

Começamos com esta massa e depois até peixe frito com azeitonas. Para a sobremesa houve bolo de limão. Foi um prato de Páscoa perfeito.

Se você não tiver alcachofras, substitua-as por alcachofras maiores que você corta em rodelas.

1 quilograma de alcachofras jovens

2 colheres de sopa de azeite

1 cebola pequena, finamente picada

1 dente de alho picado

Sal e pimenta preta moída na hora

2 xícaras de ervilhas frescas ou 1 pacote congelado

1/2 xícara de manjericão fresco picado ou salsinha

1 libra de farfalle

1/2 xícara de Parmigiano-Reggiano ralado na hora

1. Com uma faca grande, corte 1 cm do topo da alcachofra. Lave-os bem em água fria. Sente-se e corte as folhas pequenas ao redor da base. Corte a ponta pontiaguda das folhas restantes com uma tesoura. Corte a casca externa dura ao redor das hastes e da base. Corte as alcachofras pela metade. Usando uma faca pequena de ponta arredondada, raspe as folhas macias do centro. Corte as alcachofras em fatias finas.

2. Despeje o azeite em uma panela grande o suficiente para conter o macarrão cozido. Adicione a cebola e o alho e cozinhe em fogo moderado por 10 minutos, mexendo ocasionalmente. Adicione alcachofras e 2 colheres de sopa de água. Sal e pimenta a gosto. Cozinhe por 10 minutos ou até que as alcachofras estejam macias.

3. Adicione ervilhas. Cozinhe por 5 minutos ou até que as ervilhas estejam macias. Retire do fogo e junte o manjericão.

4. Ferva pelo menos 4 litros de água. Adicione 2 colheres de sopa de sal e depois o macarrão. Misture bem. Cozinhe, mexendo sempre, até que a massa fique al dente, macia, mas firme na mordida. Reserve um pouco da água do cozimento. Escorra a massa.

5. Despeje o molho de alcachofra sobre o macarrão e adicione um pouco de água do cozimento se necessário. Adicione um fiozinho de azeite virgem extra e mexa novamente. Misture com queijo e sirva imediatamente.

Fettuccine com alcachofras e cogumelos

Fettuccine Con Carciofi e Cogumelos Porcini

Para 4-6 refeições

Alcachofras e cogumelos porcini podem parecer uma combinação incomum, mas não na Ligúria, onde comi esta massa. Como este prato é tão delicioso, não é necessário queijo ralado, principalmente se temperar com um bom azeite virgem extra.

1 onça de cogumelos porcini secos

1 xícara de água morna

1 quilograma de alcachofras

1/4 xícara de azeite

1 cebola pequena, finamente picada

1 dente de alho bem picado

2 colheres de sopa de salsa fresca picada

1 xícara de tomate fresco, descascado, sem sementes e cortado em cubos, ou tomate italiano importado em lata, escorrido e cortado em cubos

Sal e pimenta preta moída na hora

1 quilo de fettuccine seco

Azeite virgem extra

1. Coloque os cogumelos na água e deixe-os de molho por 30 minutos. Retire os cogumelos da água e reserve o líquido. Lave os cogumelos em água fria corrente para remover qualquer sujeira. Atenção especial deve ser dada às pontas dos caules, onde a terra se acumula. Pique os cogumelos grosseiramente. Despeje o líquido dos cogumelos em uma tigela. Você me deixou de lado.

2. Com uma faca grande, corte 1 cm do topo da alcachofra. Lave-os bem em água fria. Sente-se e corte as folhas pequenas ao redor da base. Corte a ponta pontiaguda das folhas restantes com uma tesoura. Corte a casca externa dura ao redor das hastes e da base. Corte as alcachofras

pela metade. Use uma faca pequena para raspar as folhas macias do meio. Corte as alcachofras em fatias finas.

3. Despeje o óleo em uma panela grande o suficiente para conter o macarrão cozido. Adicione a cebola, os cogumelos, a salsa e o alho e cozinhe em fogo médio por 10 minutos. Junte as alcachofras e os tomates e tempere com sal e pimenta. Deixe cozinhar por 10 minutos. Adicione o líquido dos cogumelos e cozinhe por mais 10 minutos ou até que as alcachofras estejam macias quando furadas com uma faca.

4. Leve 4 litros de água para ferver em uma panela grande. Adicione 2 colheres de sopa de sal e depois o macarrão. Misture bem. Cozinhe em fogo alto, mexendo sempre, até que a massa fique al dente, macia, mas firme na mordida. Reserve um pouco da água do cozimento. Escorra a massa.

5. Despeje o molho sobre o macarrão e adicione um pouco de água do cozimento se necessário. Regue com azeite extra virgem e sirva imediatamente.

Rigatoni com ragu de berinjela

Rigatoni com Ragu di Melanzane

Para 4-6 refeições

O Ragù geralmente é feito com carne e molho de tomate, mas a versão vegetariana da Basilicata usa berinjela porque é igualmente rica e saborosa.

RigaO nome de um formato de massa como rigatoni ou penne rigata sugere que ela possui costelas que servem de suporte para o molho. Rigatoni são tubos grandes e estriados de massa. Seu formato grosso e grande complementa panos fortes com ingredientes grossos.

1/4 xícara de azeite

1/4 xícara de chalotas picadas

4 xícaras de berinjela fatiada

1/2 xícara de pimenta vermelha picada

1/2 xícara de vinho branco seco

1/2 libra de tomate ameixa, descascado, sem sementes e cortado em cubos, ou 2 xícaras de tomate italiano importado em lata com suco

Um raminho de tomilho fresco

Sal

Pimenta preta moída na hora

1 libra de rigatoni, penne ou farfalle

Azeite extra virgem para enfeitar

1. Despeje o azeite em uma frigideira grande e pesada. Adicione as chalotas e cozinhe em fogo médio por 1 minuto. Adicione a berinjela e o pimentão vermelho. Cozinhe, mexendo sempre, até os vegetais murcharem, cerca de 10 minutos.

2. Adicione o vinho e cozinhe até evaporar, 1 minuto.

3. Adicione o tomate, o tomilho, o sal e a pimenta a gosto. Reduza o fogo para baixo. Cozinhe por 40 minutos, mexendo de vez em quando, até o molho ficar espesso e os vegetais bem macios. Se a mistura ficar muito seca, adicione um pouco de água. Retire o tomilho.

4. Leve pelo menos 4 litros de água para ferver em uma panela grande. Adicione 2 colheres de sopa de sal e depois o macarrão. Misture bem. Cozinhe em fogo alto, mexendo sempre, até que a massa fique al dente, macia, mas firme na mordida. Reserve um pouco da água do cozimento. Coe a massa e coloque-a em uma tigela quente.

5. Despeje o molho por cima com uma colher e misture bem. Adicione um pouco de água do cozimento, se necessário. Regue com um pouco de azeite virgem extra e mexa novamente. Sirva imediatamente.

Espaguete Siciliano com Berinjela

Espaguete Norma

Para 4-6 refeições

A norma o *nome de uma ópera maravilhosa do siciliano Vincenzo Bellini. Esta massa de berinjela, um vegetal popular na Sicília, recebeu esse nome em homenagem à ópera.*

Salada de ricota é uma forma prensada de ricota que também funciona bem fatiada como queijo de mesa ou ralada junto com macarrão. Há também uma versão defumada que é particularmente saborosa, embora eu não a tenha visto fora da Sicília. Se não encontrar salada de ricota, substitua por queijo feta, que é bem parecido, ou use Pecorino Romano.

1 berinjela média, aparada e cortada em fatias grossas de 1/4 polegada

Sal

Azeite para fritar

2 dentes de alho levemente esmagados

Uma pitada de pimenta vermelha moída

3 libras de tomate cereja maduro, descascado, sem sementes e cortado em cubos, ou 1 (28 onças) de tomate italiano pelado importado, escorrido e cortado em cubos

6 folhas de manjericão fresco

1 quilo de espaguete

1 xícara de ricota ralada ou alface pecorino romano

1. Coloque as fatias de berinjela em uma peneira sobre um prato e polvilhe cada camada com sal. Deixe descansar por 30-60 minutos. Lave as berinjelas e seque-as com papel toalha.

2. Despeje cerca de 1/2 polegada de óleo em uma frigideira funda e pesada. Aqueça o óleo em fogo médio-alto até que um pequeno pedaço de berinjela comece a chiar na

frigideira. Frite as rodelas de berinjela individualmente dos dois lados até dourar. Escorra em papel toalha.

3. Adicione 3 colheres de sopa de óleo em uma frigideira média. Adicione o alho e a pimenta vermelha esmagada e cozinhe em fogo médio-alto até que o alho esteja bem dourado, cerca de 4 minutos. Retire o alho. Adicione os tomates e sal a gosto. Reduza o fogo e cozinhe por 20-30 minutos ou até o molho engrossar. Junte o manjericão e desligue o fogo.

4. Leve pelo menos 4 litros de água para ferver em uma panela grande. Adicione 2 colheres de sopa de sal e depois o macarrão. Misture bem. Cozinhe em fogo alto, mexendo sempre, até a massa ficar al dente, macia, mas ainda firme. Reserve um pouco da água do cozimento. Escorra a massa.

5. Coloque o macarrão com o molho em uma tigela quente e adicione um pouco de água do cozimento se necessário. Adicione o queijo e misture novamente. Disponha as rodelas de berinjela por cima e sirva imediatamente.

Borboleta com brócolis, tomate, pinhões e passas

Farfalle alla Siciliana

Para 4-6 refeições

Os pinhões dão um toque crocante e as passas dão doçura a esta deliciosa massa siciliana. O brócolis é cozido na mesma panela que o macarrão, então os sabores combinam muito bem. Se você usar tomates grandes e redondos em vez de tomates ameixa, poderá substituí-los, mas o molho ficará mais fino e poderá demorar um pouco mais para cozinhar.

1/3 xícara de azeite

2 dentes de alho picados finamente

Uma pitada de pimenta vermelha moída

2 1/2 libras de tomate ameixa fresco (cerca de 15), descascado, sem sementes e cortado em cubos

Sal e pimenta preta moída na hora

2 colheres de sopa de passas

1 libra de farfalle

1 cacho médio de brócolis, retire os caules e corte em pequenas florzinhas

2 colheres de sopa de pinhões torrados

1. Despeje o óleo em uma panela grande o suficiente para conter o macarrão. Adicione o alho e a pimenta vermelha esmagada. Cozinhe em fogo médio até o alho ficar dourado, cerca de 2 minutos. Adicione os tomates e sal e pimenta, se desejar. Deixe ferver e cozinhe por 15-20 minutos até o molho engrossar. Junte as passas e retire do fogo.

2. Leve pelo menos 4 litros de água para ferver em uma panela grande. Adicione 2 colheres de sopa de sal e depois o macarrão. Misture bem. Cozinhe, mexendo sempre, até a água voltar a ferver.

3. Adicione o brócolis ao macarrão. Cozinhe, mexendo sempre, até que a massa fique al dente, macia, mas firme na mordida. Reserve um pouco da água do cozimento.

4. Coe o macarrão e os brócolis. Coloque numa panela com os tomates, acrescentando um pouco de água do cozimento se necessário. Jogue bem. Polvilhe com pinhões e sirva imediatamente.

Cavatelli com alho verde e batata

Cavatelli com verduras e batatas

Para 4-6 refeições

Lavar vegetais pode não ser minha atividade favorita, mas encontrar areia na comida é ainda pior, então lavo-os pelo menos três vezes. O esforço vale a pena. Você pode usar apenas uma variedade nesta receita, mas uma mistura de dois ou três tipos diferentes de verduras confere ao prato uma textura e sabor interessantes.

Nesta receita, as batatas precisam ser cortadas em pedaços pequenos para cozinharem junto com o macarrão. A massa fica ligeiramente cozida demais e quebradiça, de modo que fica cremosa e lisa.

1 1/2 libra de vegetais selecionados, como brócolis, mizuna, mostarda, couve ou folhas de dente-de-leão, picados

Sal

1/3 xícara de azeite

4 dentes de alho em fatias finas

Uma pitada de pimenta vermelha moída

Sal e pimenta preta moída na hora

1 libra de cavatelli

1 quilo de batatas cozidas, descascadas e cortadas em pedaços de 1/2 polegada

1. Encha uma pia ou tigela grande com água fria. Adicione as verduras e cubra com água. Coloque as verduras em uma peneira, troque a água e repita o processo pelo menos mais duas vezes para retirar quaisquer vestígios de areia.

2. Leve uma panela grande com água para ferver. Adicione ervas e sal a gosto. Cozinhe por 5 a 10 minutos, dependendo da variedade usada, até que o aipo esteja macio. Escorra as verduras e deixe esfriar um pouco em água fria corrente. Corte os vegetais em cubos pequenos.

3. Despeje o óleo em uma panela grande o suficiente para conter o macarrão cozido. Adicione o alho e a pimenta vermelha esmagada. Cozinhe em fogo médio por 2 minutos até que o alho esteja dourado. Adicione os vegetais e uma pitada de sal. Cozinhe, mexendo, até os vegetais absorverem o óleo, cerca de 5 minutos.

4. Leve pelo menos 4 litros de água para ferver em uma panela grande. Adicione 2 colheres de sopa de sal e depois o macarrão. Cozinhe, mexendo sempre, até a água voltar a ferver. Adicione as batatas e cozinhe até que a massa fique al dente, macia, mas firme na mordida. Reserve um pouco da água do cozimento. Escorra a massa.

5. Adicione o macarrão e as batatas aos legumes e misture bem. Se a massa parecer seca, adicione um pouco da água reservada para cozinhar. Sirva imediatamente.

Linguine com abobrinha

Linguine com abobrinha

Para 4-6 refeições

Resista ao impulso de comprar apenas abóboras pequenas e médias e diga "não" aos amigos jardineiros que estão desesperados por abóboras do tamanho de um bassê. As abobrinhas gigantes são aguadas, pegajosas e sem gosto, mas aquelas que são tão longas quanto um cachorro-quente e não mais grossas que um cachorro-quente são macias e deliciosas.

Nesta receita gosto particularmente do Pecorino Romano – um queijo feta picante e picante do sul da Itália.

6 pequenas abobrinhas verdes ou amarelas (cerca de 2 libras)

⅓ xícara de azeite

3 dentes de alho picados finamente

Sal e pimenta preta moída na hora

¼ xícara de manjericão fresco picado

2 colheres de sopa de salsa fresca picada

1 colher de sopa de tomilho fresco picado

1 libra de linguine

½ xícara de Pecorino Romano ralado na hora

1. Lave a abobrinha em água fria. Corte o final. Divida-o longitudinalmente e depois corte em fatias.

2. Em uma frigideira grande o suficiente para conter o macarrão, aqueça o azeite em fogo médio-alto. Adicione a abobrinha e cozinhe, mexendo ocasionalmente, até dourar e ficar macio, cerca de 10 minutos. Empurre a abobrinha para o lado da panela e acrescente o alho, o sal e a pimenta. Deixe cozinhar por 2 minutos. Adicione as ervas, misture a abobrinha novamente com os temperos e retire do fogo.

3. Enquanto a abobrinha cozinha, leve para ferver 4 litros de água em uma panela grande. Adicione 2 colheres de

sopa de sal e depois o macarrão. Misture bem. Cozinhe em fogo alto, mexendo sempre, até que a massa fique al dente, macia, mas firme na mordida. Reserve um pouco da água do cozimento.

4. Escorra a massa. Adicione o macarrão à panela com a abobrinha. Misture bem e adicione um pouco de água do cozimento se necessário. Adicione o queijo e misture novamente. Sirva imediatamente.

Penne com legumes grelhados

Macarrão com plantas verdes alla Griglia

Para 4-6 refeições

Embora eu costumo deixar a casca da berinjela, ela endurece quando grelhada. Então eu os puxo para baixo antes de acender a grelha. Se as berinjelas não forem frescas, podem ser salgadas antes de cozinhar para diminuir o amargor, que aumenta à medida que o vegetal amadurece. Para isso, descasque a berinjela, corte-a em rodelas, depois coloque as rodelas em uma peneira e polvilhe cada camada com sal grosso. Deixe descansar por 30-60 minutos para retirar o líquido. Lave o sal, seque e cozinhe conforme as instruções.

2 libras de tomate ameixa (cerca de 12)

azeite

1 berinjela média, descascada e cortada em fatias grossas

2 cebolas doces médias, vermelhas ou brancas, em fatias grossas

Sal e pimenta preta moída na hora

2 dentes de alho bem picados

12 folhas frescas de manjericão, rasgadas em pedaços pequenos

1 quilo de lápis

1/2 xícara de Pecorino Romano ralado na hora

1. Coloque a grelha ou a grelha do forno a cerca de 5 cm da fonte de calor. Pré-aqueça a grelha ou grelha. Coloque os tomates na grelha. Usando uma pinça, cozinhe com freqüência até que os tomates estejam macios e a pele ligeiramente carbonizada e solta. Retire os tomates. Pincele as rodelas de berinjela e cebola com azeite e polvilhe com sal e pimenta. Grelhe até que os vegetais estejam macios e dourados, mas não enegrecidos, cerca de 5 minutos de cada lado.

2. Descasque os tomates e corte as pontas do caule. Coloque os tomates em uma tigela grande e amasse bem com um

garfo. Adicione o alho, o manjericão, 1/4 xícara de óleo e sal e pimenta a gosto.

3. Corte a berinjela e a cebola em rodelas finas e acrescente aos tomates.

4. Leve pelo menos 4 litros de água para ferver em uma panela grande. Adicione 2 colheres de sopa de sal e depois o macarrão. Misture bem. Cozinhe em fogo alto, mexendo sempre, até que a massa fique al dente, macia, mas firme na mordida. Reserve um pouco do líquido do cozimento.

5. Escorra a massa. Em uma tigela grande, misture o macarrão com os legumes. Se a massa parecer seca, adicione um pouco da água do cozimento. Adicione o queijo e sirva imediatamente.

Penne com cogumelos, alho e alecrim

Penne com cogumelos

Para 4-6 refeições

Você pode usar qualquer tipo de cogumelo nesta receita, por exemplo: por ex. B. Cogumelo ostra, shiitake, cremini ou as habituais variedades brancas. A combinação é particularmente boa. Se você tiver cogumelos verdadeiramente selvagens, como cogumelos, certifique-se de limpá-los, pois eles podem ser muito frágeis.

¼ xícara de azeite

1 kg de cogumelos cortados em fatias finas

2 dentes de alho grandes, finamente picados

2 colheres de chá de alecrim fresco picado bem fino

Sal e pimenta preta moída na hora

1 quilo de penas ou farfalle

2 colheres de sopa de manteiga sem sal

2 colheres de sopa de salsa fresca picada

1. Em uma frigideira grande o suficiente para conter o macarrão, aqueça o azeite em fogo médio-alto. Adicione os cogumelos, o alho e o alecrim. Cozinhe, mexendo sempre, até os cogumelos começarem a soltar o líquido, cerca de 10 minutos. Sal e pimenta a gosto. Cozinhe, mexendo sempre, até que os cogumelos estejam levemente dourados, mais 5 minutos.

2. Leve pelo menos 4 litros de água para ferver em uma panela grande. Adicione 2 colheres de sopa de sal e depois o macarrão. Misture bem. Cozinhe em fogo alto, mexendo sempre, até que a massa fique al dente, macia, mas firme na mordida. Reserve um pouco da água do cozimento.

3. Escorra a massa. Adicione o macarrão à panela com os cogumelos, a manteiga e a salsa. Se a massa parecer seca, adicione um pouco da água do cozimento. Sirva imediatamente.

Linguine com beterraba e alho

Linguine com Barbabietol

Para 4-6 refeições

Macarrão e beterraba podem parecer uma combinação incomum, mas desde que experimentei em uma pequena cidade da costa da Emilia-Romagna, ela se tornou uma das minhas favoritas. Além de delicioso, é um dos pratos de massa mais lindos que conheço. Todos ficam maravilhados com a cor deslumbrante. Faça isso no final do verão e início do outono, quando as beterrabas frescas estão mais doces.

8 cenouras médias, fatiadas

1/3 xícara de azeite

3 dentes de alho picados finamente

Uma pitada de pimenta vermelha moída ou a gosto

Sal

1 libra de linguine

1. Coloque a grelha no centro do forno. Pré-aqueça o forno a 450°F. Descasque as beterrabas e embrulhe-as bem em um pedaço grande de papel alumínio. Coloque o pacote na assadeira. Asse por 45-75 minutos, dependendo do tamanho, ou até que as beterrabas estejam macias quando perfuradas no papel alumínio com uma faca afiada. Deixe as beterrabas esfriarem no papel alumínio. Descasque e pique a cenoura.

2. Despeje o óleo em uma panela grande o suficiente para conter o macarrão cozido. Adicione o alho e a pimenta vermelha esmagada. Cozinhe em fogo médio até o alho ficar dourado, cerca de 2 minutos. Adicione a beterraba e misture a mistura de óleo até aquecer.

3. Leve pelo menos 4 litros de água para ferver em uma panela grande. Adicione 2 colheres de sopa de sal e depois o macarrão. Misture bem. Cozinhe em fogo alto, mexendo sempre, até que a massa fique al dente, macia, mas firme na mordida.

4.Escorra o macarrão e reserve um pouco da água do cozimento. Adicione o linguine à frigideira com as beterrabas. Adicione um pouco de água do cozimento e cozinhe em fogo moderado. Misture a massa com um garfo e uma colher até obter uma cor uniforme, cerca de 2 minutos. Sirva imediatamente.

Voe com beterraba e verduras

Farfalle em Barbabietole

Para 4-6 refeições

Esta é uma versão<u>Linguine com beterraba e alho</u>Receita com beterraba e folhas de beterraba. Se a parte superior da beterraba parecer mole ou marrom, substitua-a por cerca de meio quilo de espinafre fresco, acelga ou outros vegetais.

1 cacho de beterraba fresca por cima (4-5 beterrabas)

1/3 xícara de azeite

2 dentes de alho grandes, finamente picados

Sal e pimenta preta moída na hora

1 libra de farfalle

4 onças de alface ricota, picada

1. Coloque a grelha no centro do forno. Pré-aqueça o forno a 450°F. Corte as folhas de beterraba e reserve.

Descasque as beterrabas e embrulhe-as bem em um pedaço grande de papel alumínio. Coloque o pacote na assadeira. Asse por 45-75 minutos, dependendo do tamanho, ou até que as beterrabas estejam macias quando perfuradas no papel alumínio com uma faca afiada. Deixe as beterrabas esfriarem no papel alumínio. Desenrole o papel alumínio, descasque as beterrabas e corte-as em rodelas.

2. Lave bem as verduras e retire os caules duros. Leve uma panela grande com água para ferver. Adicione ervas e sal a gosto. Cozinhe por 5 minutos ou até que o aipo esteja quase macio. Coe as verduras e deixe esfriar em água corrente. Pique grosseiramente as verduras.

3. Despeje o óleo em uma panela grande o suficiente para acomodar todo o macarrão e os vegetais. Adicione o alho. Cozinhe em fogo médio até o alho ficar dourado, cerca de 2 minutos. Adicione a beterraba e o aipo e uma pitada de sal e pimenta. Cozinhe, mexendo, por cerca de 5 minutos ou até que os vegetais estejam bem aquecidos.

4. Leve pelo menos 4 litros de água para ferver em uma panela grande. Adicione 2 colheres de sopa de sal e depois o macarrão. Misture bem. Cozinhe em fogo alto, mexendo sempre, até que a massa fique al dente, macia, mas firme na mordida.

5. Escorra o macarrão e reserve um pouco da água do cozimento. Adicione o macarrão à panela com a beterraba. Adicione um pouco da água do cozimento e cozinhe, mexendo sempre, até que o macarrão fique com uma cor uniforme, cerca de 1 minuto. Adicione o queijo e misture novamente. Sirva imediatamente e polvilhe generosamente com pimenta preta moída na hora.

Macarrão com salada

Macarrão al insalata

Para 4-6 refeições

Macarrão com salada de legumes frescos é uma refeição leve e agradável de verão. Isso aconteceu quando eu estava visitando amigos no Piemonte. Não deixe muito tempo, caso contrário o vegetal perderá o sabor e a aparência brilhantes.

2 tomates médios, fatiados

1 bulbo médio de erva-doce, limpo e cortado em pedaços

1 cebola roxa pequena, picada finamente

1/4 xícara de azeite extra virgem

2 colheres de sopa de manjericão, cortado em tiras finas

Sal e pimenta preta moída na hora

2 xícaras de rúcula cortada e rasgada em pedaços grandes

1 quilograma côvado

1. Misture os tomates, a erva-doce, a cebola, o azeite e o manjericão em uma tigela grande e tempere com sal e pimenta. Misture bem. Cubra com rúcula.

2. Leve pelo menos 4 litros de água para ferver em uma panela grande. Adicione 2 colheres de sopa de sal e depois o macarrão. Cozinhe em fogo alto, mexendo sempre, até que a massa fique al dente, macia, mas firme na mordida. Reserve um pouco da água do cozimento. Escorra a massa.

3. Misture o macarrão com a mistura de salada. Se a massa parecer seca, adicione um pouco da água do cozimento. Sirva imediatamente.

Fusilli com tomate assado

Fusilli com Pomodori al Forno

Para 4-6 refeições

Tomates assados são um acompanhamento favorito para mim, que sirvo com peixe, costeletas de vitela ou bifes. Um dia preparei uma panela grande cheia de comida, mas só servi com macarrão seco. Derramei tomates assados e seu suco sobre o fuzel recém-cozido. Eu faço isso o tempo todo agora.

2 libras de tomate ameixa maduro (cerca de 12-14), cortado em fatias de 1/4 polegada

3 dentes grandes de alho picados finamente

1/2 colher de chá de orégano seco

Sal e pimenta preta moída na hora

1/3 xícara de azeite

1 quilo de fusilli

¹/2 xícara de manjericão fresco picado ou salsinha

1. Coloque a grelha no centro do forno. Pré-aqueça o forno a 400°F. Unte uma assadeira ou assadeira de 13 x 9 x 2 polegadas.

2. Coloque metade das rodelas de tomate na tigela preparada. Tempere com alho, orégano e sal e pimenta. Coloque os tomates restantes por cima. Regue com azeite.

3. Asse por 30-40 minutos até que os tomates estejam bem macios. Retire a tigela do forno.

4. Leve pelo menos 4 litros de água para ferver em uma panela grande. Adicione 2 colheres de sopa de sal e depois o macarrão. Misture bem. Cozinhe em fogo alto, mexendo sempre, até que a massa fique al dente, macia, mas firme na mordida. Escorra o macarrão e reserve um pouco da água do cozimento.

5. Despeje a massa sobre os tomates assados e misture bem. Adicione manjericão ou salsa e misture novamente.

Se a massa parecer seca, adicione um pouco da água do cozimento. Sirva imediatamente.

Cotovelo com batata, tomate e rúcula

La Bandiera

Para 6-8 refeições

Na Puglia esta massa é chamada de "bandeira" porque tem as cores vermelha, branca e verde da bandeira italiana. Alguns chefs preparam com mais líquido e servem como sopa.

1/4 xícara de azeite

2 dentes de alho grandes, finamente picados

Uma pitada de pimenta vermelha moída

1 1/2 libra de tomate ameixa maduro, descascado, sem sementes e cortado em cubos (cerca de 3 xícaras)

2 colheres de sopa de manjericão fresco picado

Sal e pimenta preta moída na hora

1 quilograma côvado

3 batatas cozidas médias (1 libra), descascadas e cortadas em pedaços de 1/2 polegada

2 cachos de rúcula, limpos e cortados em pedaços de 2,5 cm (cerca de 4 xícaras)

1/3 xícara de Pecorino Romano ralado na hora

1. Despeje o óleo em uma panela grande o suficiente para conter o macarrão. Adicione o alho e a pimenta vermelha esmagada. Cozinhe em fogo médio por 2 minutos até que o alho esteja dourado.

2. Adicione os tomates e o manjericão e tempere com sal e pimenta. Deixe ferver e cozinhe, mexendo de vez em quando, até o molho engrossar, cerca de 10 minutos.

3. Leve pelo menos 4 litros de água para ferver em uma panela grande. Adicione 2 colheres de sopa de sal e depois o macarrão. Misture bem. Quando a água ferver novamente, coloque as batatas. Cozinhe, mexendo sempre, até que a massa fique al dente, macia, mas firme na mordida.

4. Escorra o macarrão e as batatas, reservando um pouco da água do cozimento. Misture o macarrão, as batatas e a rúcula ao molho de tomate fervente. Cozinhe, mexendo, por 1-2 minutos ou até que o macarrão e os vegetais estejam bem revestidos com o molho. Se a massa parecer seca, adicione um pouco da água do cozimento.

5. Junte o queijo e sirva imediatamente.

Língua românica em estilo camponês

Linguine alla Ciociara

Para 4-6 refeições

Fui apresentado a esta massa romana pelos meus amigos Diane Darrow e Tom Maresca, que escrevem sobre vinho e comida italiana. O nome significa "esposa de fazendeiro" no dialeto local. O sabor fresco e herbáceo do pimentão verde torna esta massa simples excepcional.

1 pimentão verde médio

1/2 xícara de azeite

2 xícaras de tomates frescos descascados, sem sementes e cortados em cubos ou tomates italianos importados em lata escorridos e picados

1/2 xícara de Gaeta picada ou outras azeitonas pretas marinadas em óleo leve

Sal

Uma pitada de pimenta vermelha moída

1 libra de linguine ou espaguete

1/2 xícara de Pecorino Romano ralado na hora

1. Corte os pimentões ao meio, retire o caule e as sementes. Corte os pimentões longitudinalmente em fatias muito finas e depois transversalmente em terços.

2. Aqueça o azeite em uma frigideira grande o suficiente para conter o espaguete cozido em fogo médio-alto. Adicione os tomates, os pimentões, as azeitonas, o sal a gosto e a pimenta vermelha moída. Deixe ferver e cozinhe, mexendo de vez em quando, até o molho engrossar, cerca de 20 minutos.

3. Leve pelo menos 4 litros de água para ferver em uma panela grande. Adicione 2 colheres de sopa de sal e depois o macarrão. Misture bem. Cozinhe em fogo alto, mexendo sempre, até que a massa fique al dente, macia, mas firme na mordida. Escorra o macarrão e reserve um pouco da água do cozimento.

4.Adicione o macarrão à panela com o molho. Cozinhe e mexa em fogo médio-alto por 1 minuto. Se a massa parecer seca, adicione um pouco de água do cozimento. Adicione o queijo e misture novamente. Sirva imediatamente.

Penne com legumes primavera e alho

Penne na Primavera

Para 4-6 refeições

Embora o método clássico de preparação do molho Primavera seja creme e manteiga, este método com azeite com sabor de alho também é adequado.

¼ xícara de azeite

4 dentes de alho picados finamente

8 aspargos cortados em pedaços pequenos

4 cebolas cortadas em fatias de ¼ polegadas

3 abobrinhas muito pequenas (cerca de 12 onças), cortadas em fatias de 1/4 de polegada

2 cenouras médias, cortadas em fatias de ¼ polegadas

2 colheres de sopa de água

Sal e pimenta preta moída na hora

2 xícaras de tomate cereja ou uva pequenos, cortados ao meio

3 colheres de sopa de salsa fresca picada

1/2 xícara de Pecorino Romano ralado na hora

1. Despeje o óleo em uma panela grande o suficiente para conter o macarrão. Adicione o alho e cozinhe em fogo médio por 2 minutos. Junte os aspargos, a cebolinha, a abobrinha, a cenoura e a água, tempere com sal e pimenta. Tampe a panela e reduza o fogo. Cozinhe por 5 a 10 minutos até que as cenouras estejam quase macias.

2. Leve pelo menos 4 litros de água para ferver em uma panela grande. Adicione 2 colheres de sopa de sal e depois o macarrão. Misture bem. Cozinhe em fogo alto, mexendo sempre, até que a massa fique al dente, macia, mas firme na mordida. Escorra o macarrão e reserve um pouco da água do cozimento.

3. Adicione os tomates e a salsa aos legumes na panela e misture bem. Adicione o macarrão e o queijo e misture

novamente. Se a massa parecer seca, adicione um pouco da água do cozimento. Sirva imediatamente.

"Puxar" macarrão com creme e cogumelos

Macarrão Strascinata

Para 4-6 refeições

O principal motivo para visitar Torgiano na Úmbria é ficar no Le Tre Vaselle, uma bela pousada rural com um bom restaurante. Meu marido e eu comemos lá por alguns anos essa massa "sem graça" incomum. Rolinhos de massa curtos e pontiagudos, chamados pennettes, eram cozidos no estilo risoto diretamente no molho. Nunca vi macarrão preparado assim em nenhum outro lugar.

Como a técnica é bem diferente, leia a receita antes de começar e deixe a sopa e todos os ingredientes esquentarem antes de começar.

Le Tre Vaselle pertence à família dos vinhos Lungarotti e um dos grandes vinhos tintos como o Rubesco combina perfeitamente com esta massa.

1 cebola média picada finamente

6 colheres de sopa de azeite

1 libra de Pennetta, Ditalini ou Tubetti

2 colheres de sopa de conhaque

5 xícaras de sopa quente caseira de frango Obsession, 2 xícaras de caldo enlatado misturado com 3 xícaras de água

8 onças de cogumelos brancos fatiados

Sal e pimenta preta moída na hora

3/4 xícara de creme

1 xícara de Parmigiano-Reggiano ralado na hora

1 colher de sopa de salsa fresca picada

1. Em uma frigideira grande o suficiente para conter todo o macarrão, refogue a cebola em 2 colheres de sopa de óleo em fogo médio-alto até ficar macia e dourada, cerca de 10 minutos. Raspe a cebola em uma tigela e limpe a panela.

2. Adicione as 4 colheres de sopa de óleo restantes na frigideira e aqueça em fogo médio-alto. Adicione o macarrão e cozinhe, mexendo sempre, até dourar, cerca de 5 minutos. Adicione o conhaque e cozinhe até evaporar.

3. Retorne a cebola para a panela e misture 2 xícaras de caldo quente. Reduza o fogo para médio-alto e cozinhe, mexendo sempre, até que a maior parte do caldo seja absorvida. Junte mais 2 xícaras de caldo. Quando a maior parte do líquido for absorvida, acrescente os cogumelos. Adicione o caldo restante conforme necessário, mexendo para manter o macarrão úmido. Sal e pimenta.

4. Cerca de 12 minutos depois de começar a adicionar o caldo, o macarrão deve estar quase al dente, macio, mas firme. Junte o creme de leite e cozinhe até engrossar levemente, cerca de 1 minuto.

5. Retire a panela do fogo e misture o queijo. Junte a salsa e sirva imediatamente.

Massa romana com tomate e mussarela

Massa checa

Para 4-6 refeições

Quando meu marido experimentou esta massa pela primeira vez em Roma, ele adorou tanto que a comia praticamente todos os dias. Use mussarela cremosa e fresca e tomates bem maduros. Massa perfeita para um dia de verão.

3 tomates médios maduros

1/4 xícara de azeite extra virgem

1 dente de alho pequeno, picado finamente

Sal e pimenta preta moída na hora

20 folhas de manjericão

1 libra de Tubetti ou Ditalini

8 onças de mussarela fresca, cortada em cubos pequenos

1. Corte os tomates ao meio e retire as sementes. Esprema as sementes dos tomates. Pique os tomates e coloque-os em uma tigela grande o suficiente para conter todos os ingredientes.

2. Misture azeite, alho e sal e pimenta a gosto. Dobre as folhas de manjericão e corte em tiras finas. Misture o manjericão aos tomates. Esse molho pode ser feito com antecedência e mantido em temperatura ambiente por até 2 horas.

3. Leve pelo menos 4 litros de água para ferver em uma panela grande. Adicione 2 colheres de sopa de sal e depois o macarrão. Misture bem. Cozinhe em fogo alto, mexendo sempre, até que a massa fique al dente, macia, mas firme na mordida. Coe o macarrão e misture com o molho. Adicione a mussarela e misture novamente. Sirva imediatamente.

Fusilli com atum e tomate

Fusilli al Tonno

Para 4-6 refeições

Por mais que goste de bons bifes de atum fresco, que raramente são grelhados, acho que gosto ainda mais de atum em lata. Claro que dá ótimos sanduíches e saladas, mas os italianos têm muitos outros usos, como o clássico Vitello Tonnato (<u>Vitela ao molho de atum</u>) para vitela ou em patê ou combinado com massa, como costuma ser preparado pelos chefs da Sicília. Não use atum recheado com água para este molho. O sabor é muito suave e a consistência muito úmida. Para obter o melhor sabor e textura, use uma boa marca de atum marinado em azeite da Itália ou Espanha.

3 tomates médios, fatiados

Você pode importar 1 (7 onças) de atum italiano ou espanhol embalado em azeite

10 folhas frescas de manjericão picadas

1/2 colher de chá de orégano seco, esmagado

Uma pitada de pimenta vermelha moída

Sal

1 libra de fusilli ou redella

1. Em uma tigela grande, tempere os tomates, o atum com azeite, manjericão, orégano, pimenta vermelha e sal.

2. Leve pelo menos 4 litros de água para ferver em uma panela grande. Adicione 2 colheres de sopa de sal e depois o macarrão. Misture bem. Cozinhe em fogo alto, mexendo sempre, até que a massa fique al dente, macia, mas firme na mordida. Reserve um pouco da água do cozimento. Escorra a massa.

3. Misture o macarrão com o molho. Se a massa parecer seca, adicione um pouco da água do cozimento. Sirva imediatamente.

Linguine com pesto siciliano

Linguine com Pesto Trapanês

Para 4-6 refeições

O molho pesto é geralmente associado à Ligúria, principalmente manjericão e alho. Em italiano, pesto refere-se a qualquer coisa que seja batida, picada ou transformada em purê. Este molho costuma ser preparado desta forma em Trapani, uma cidade costeira no oeste da Sicília.

Este prato tem muito sabor; Não é necessário queijo.

1/2 xícara de amêndoas escaldadas

2 dentes grandes de alho

1/2 xícara de folhas frescas de manjericão embaladas

Sal e pimenta preta moída na hora

1 quilo de tomate fresco, descascado, sem sementes e cortado em cubos

⅓ xícara de azeite extra virgem

1 libra de linguine

1. Misture as amêndoas, o alho e o manjericão no processador de alimentos ou no liquidificador e tempere com sal e pimenta. Corte os ingredientes em pedaços pequenos. Adicione os tomates e o óleo e mexa até ficar homogêneo.

2. Leve pelo menos 4 litros de água para ferver em uma panela grande. Adicione 2 colheres de sopa de sal, em seguida adicione o macarrão e pressione suavemente até ficar completamente submerso na água. Misture bem. Cozinhe em fogo alto, mexendo sempre, até que a massa fique al dente, macia, mas firme na mordida. Reserve um pouco da água do cozimento. Escorra a massa.

3. Despeje a massa em uma tigela grande e quente. Adicione o molho e misture bem. Adicione um pouco de água do macarrão se o macarrão parecer seco. Sirva imediatamente.

Espaguete com pesto "louco"

Espaguete com Pesto Matto

Para 4-6 refeições

Esta receita vem do livreto "The Joy of Pasta Cooking" publicado pela empresa italiana de massas Agnesi. As receitas foram apresentadas por cozinheiros caseiros, o autor da receita provavelmente improvisou este pesto nada tradicional (daí o nome).

2 tomates médios maduros, descascados, sem sementes e fatiados

1/2 xícara de azeitonas pretas picadas

6 folhas de manjericão dobradas e cortadas em tiras finas

1 colher de sopa de tomilho fresco picado

1/4 xícara de azeite

Sal e pimenta preta moída na hora

1 kg de espaguete ou linguine

4 onças de queijo de cabra fresco e macio

1. Em uma tigela grande, misture os tomates, as azeitonas, o manjericão, o tomilho e o azeite e tempere com sal e pimenta.

2. Leve pelo menos 4 litros de água para ferver em uma panela grande. Adicione 2 colheres de sopa de sal, em seguida adicione o macarrão e pressione suavemente até ficar completamente submerso na água. Misture bem. Cozinhe em fogo alto, mexendo sempre, até o macarrão ficar macio. Escorra a massa.

3. Adicione o macarrão e o tomate à tigela e misture bem. Adicione o queijo de cabra e misture novamente. Sirva imediatamente.

Voe com molho puttanesca cru

Farfalle alla Puttanesca

Para 4-6 refeições

Os ingredientes para este molho de macarrão são semelhantes a um molho<u>Linguine com anchovas e molho de tomate picante</u>*, mas o sabor é completamente diferente porque esse molho não precisa ser cozido.*

1 litro de tomate cereja ou uva, dividido pela metade

6-8 filés de anchova cortados em pedaços pequenos

1 dente de alho grande, bem picado

½ xícara de Gaeta sem caroço e fatiada ou outras azeitonas pretas suaves

¼ xícara de salsinha fresca picada

2 colheres de sopa de alcaparras lavadas e picadas

½ colher de chá de orégano seco

¼ xícara de azeite extra virgem

Sal a gosto

Uma pitada de pimenta vermelha moída

1 libra de farfalle ou fettuccine seco

1. Em uma tigela grande, misture os tomates, as anchovas, o alho, as azeitonas, a salsa, as alcaparras, o orégano, o azeite, o sal e a pimenta. Deixe repousar à temperatura ambiente durante 1 hora.

2. Leve pelo menos 4 litros de água para ferver em uma panela grande. Adicione 2 colheres de sopa de sal e depois o macarrão. Misture bem. Cozinhe em fogo alto, mexendo sempre, até o macarrão ficar macio. Reserve um pouco da água do cozimento. Escorra a massa.

3. Misture o macarrão com o molho. Se a massa parecer seca, adicione um pouco da água do cozimento. Sirva imediatamente.

Macarrão com vegetais crus

Macarrão alla Crudaiola

Para 4-6 refeições

Vegetais verdes e suco de limão conferem a esta massa fácil, crocante e de verão um sabor limpo e leve.

2 quilos de tomates maduros, descascados, sem sementes e fatiados

1 dente de alho bem picado

1 xícara de talos de aipo tenros, em fatias finas

1/2 xícara de folhas de manjericão, dobradas e cortadas em fatias finas

1/2 xícara de Gaeta ou outras azeitonas pretas suaves, sem caroço e fatiadas

1/4 xícara de azeite extra virgem

1 colher de sopa de suco de limão

Sal e pimenta preta moída na hora

1 quilo de fusilli ou gemello

1. Coloque os tomates, o alho, o aipo, o manjericão e as azeitonas em uma tigela grande e misture bem. Misture azeite, suco de limão e sal e pimenta a gosto.

2. Leve pelo menos 4 litros de água para ferver em uma panela grande. Adicione 2 colheres de sopa de sal e depois o macarrão. Misture bem. Cozinhe em fogo alto, mexendo sempre, até o macarrão ficar macio. Coe o macarrão e misture rapidamente ao molho. Sirva imediatamente.

"Depressa" com o espaguete

Espaguete Sciue "Sciue"

Para 4-6 refeições

Os tomates uva pequenos têm gosto de tomates grandes e estão na estação o ano todo. Tomates cereja também podem ser bem usados nesta receita. O termo napolitano sciue "sciue" (pronuncia-se shoo-ay, shoo-ay) significa "apresse-se", e esse molho se junta rapidamente.

1/4 xícara de azeite

3 dentes de alho em fatias finas

Uma pitada de pimenta vermelha moída

3 xícaras de tomate uva ou cereja, cortados pela metade

Sal

Uma pitada de orégano seco, esmagado

1 quilo de espaguete

1.Despeje o óleo em uma panela grande o suficiente para conter o macarrão cozido. Adicione o alho e a pimenta vermelha. Cozinhe em fogo médio-alto até que o alho esteja levemente dourado, cerca de 2 minutos. Adicione o tomate, sal e orégano a gosto. Mexa uma ou duas vezes por 10 minutos ou até que os tomates estejam macios e o suco engrosse ligeiramente. Desligue o aquecimento.

2.Leve pelo menos 4 litros de água para ferver em uma panela grande. Adicione 2 colheres de sopa de sal, em seguida adicione o macarrão e pressione suavemente até ficar completamente submerso na água. Misture bem. Cozinhe em fogo alto, mexendo sempre, até que a massa fique al dente, macia, mas firme na mordida. Escorra o macarrão e reserve um pouco da água do cozimento.

3.Adicione o macarrão à panela com o molho de tomate. Aumente o fogo e cozinhe, mexendo, por 1 minuto. Se a massa parecer seca, adicione um pouco da água do cozimento. Sirva imediatamente.

Penne "zangado"

Molho Arrabbiata

Para 4-6 refeições

Esta caneta de estilo romano é chamada de "zangada" por causa do sabor picante do molho de tomate. Use a quantidade de pimenta vermelha esmagada que desejar. Essa massa costuma ser servida sem queijo.

¼ xícara de azeite

4 dentes de alho levemente esmagados

Pimenta vermelha moída a gosto

2 libras de tomate fresco, descascado, sem sementes e fatiado, ou 1 (28 onças) de tomate italiano importado, escorrido e fatiado

2 folhas de manjericão fresco

Sal

1 quilo de lápis

1. Despeje o óleo em uma panela grande o suficiente para conter todo o macarrão. Adicione o alho e a pimenta e cozinhe até que o alho esteja bem dourado, cerca de 5 minutos. Retire o alho.

2. Adicione os tomates, o manjericão e o sal a gosto. Cozinhe por 15-20 minutos ou até o molho engrossar.

3. Leve pelo menos 4 litros de água para ferver em uma panela grande. Adicione 2 colheres de sopa de sal e depois o macarrão. Misture bem. Cozinhe em fogo alto, mexendo sempre, até que a massa fique al dente, macia, mas firme na mordida. Reserve um pouco da água do cozimento. Escorra a massa.

4. Adicione o penne à panela e leve ao fogo alto. Se a massa parecer seca, adicione um pouco da água do cozimento. Sirva imediatamente.

Rigatoni com ricota e molho de tomate

Rigatoni com ricota e salsa di Pomodoro

Para 4-6 refeições

É uma maneira antiquada do sul da Itália de servir massas que é irresistível. Alguns cozinheiros gostam de derramar o molho de tomate sobre o macarrão e depois adicionar a ricota separadamente, enquanto outros misturam tudo antes de servir. A decisão é tua.

21/2 xícaras de molho de tomate

1 libra de rigatoni, vieiras ou cavatelli

Sal

Em temperatura ambiente, bata 1 xícara de toda ou parte da ricota

Pecorino Romano ou Parmigiano-Reggiano ralado na hora a gosto

1. Prepare o molho se necessário. Leve pelo menos 4 litros de água para ferver em uma panela grande. Adicione 2 colheres de sopa de sal e depois o macarrão. Misture bem. Cozinhe em fogo alto, mexendo sempre, até que a massa fique al dente, macia, mas firme na mordida.

2. Enquanto a massa cozinha, leve o molho para ferver, se necessário.

3. Despeje o molho picante na tigela aquecida. Escorra a massa e coloque-a na tigela. Mexa imediatamente e adicione molhos adicionais, se necessário. Adicione a ricota e misture bem. Moa o queijo ralado separadamente. Sirva imediatamente.

Borboleta com tomate cereja e migalhas

Farfalle al Pomodorini e Briciole

Para 4-6 refeições

Esta massa é atualmente muito popular na Itália. Sirva com um fio de azeite extra virgem.

6 colheres de sopa de azeite

1 kg de coquetel ou tomate uva, cortados ao meio no sentido do comprimento

1/2 xícara de pão ralado simples e seco

1/4 xícara de Pecorino Romano ralado na hora

2 colheres de sopa de salsa fresca picada

Sal e pimenta preta moída na hora

1 libra de farfalle

Azeite virgem extra

1. Coloque a grelha no centro do forno. Pré-aqueça o forno a 350°F. Adicione 4 colheres de sopa de óleo em uma assadeira de 13 x 9 x 2 polegadas. Coloque os tomates fatiados na panela, com o lado cortado para cima.

2. Em uma tigela pequena, misture a farinha de rosca, o queijo, a salsa e as 2 colheres de sopa restantes de azeite e tempere com sal e pimenta. Polvilhe as migalhas sobre os tomates. Asse por 30 minutos ou até que os tomates estejam macios e a farinha de rosca levemente dourada.

3. Leve pelo menos 4 litros de água para ferver em uma panela grande. Adicione 2 colheres de sopa de sal e depois o macarrão. Misture bem. Cozinhe em fogo alto, mexendo sempre, até que a massa esteja macia, mas ligeiramente cozida. Escorra o macarrão e coloque na frigideira junto com os tomates e um fiozinho de azeite virgem extra. Sirva imediatamente.

Ziti com espinafre e ricota

Sementes de espinafre e ricota

Para 4-6 refeições

Espinafre, ricota e Parmigiano-Reggiano são recheios típicos de ravioli na Emilia-Romagna e em muitas outras regiões. Nesta receita, o recheio de massa fresca é transformado em molho de massa seca. Os sabores são parecidos, mas o método fica muito mais fácil a cada dia. Se preferir, você também pode substituir o espinafre por brócolis cozido picado.

1 1/2 kg de espinafre, sem os talos duros

4 colheres de sopa de manteiga sem sal

1 cebola média picada finamente

Sal

1 libra de ziti ou penne

Em temperatura ambiente, bata 1 xícara de toda ou parte da ricota

1/2 xícara de Parmigiano-Reggiano ralado na hora

Pimenta preta moída na hora

1. Coloque o espinafre em uma panela grande com 1/4 xícara de água em fogo médio-alto. Cubra e cozinhe até murchar e ficar macio, 2-3 minutos. Escorra e deixe esfriar. Enrole o espinafre em um pano sem fiapos e esprema o máximo de água possível. Corte o espinafre em pedaços pequenos.

2. Derreta a manteiga em uma frigideira grande em fogo médio. Adicione a cebola e cozinhe até ficar macia e dourada, cerca de 10 minutos. Adicione o espinafre picado e cozinhe, mexendo, até que o espinafre esteja bem aquecido, 3-4 minutos. Adicione sal se necessário

3. Leve pelo menos 4 litros de água para ferver em uma panela grande. Adicione 2 colheres de sopa de sal e depois o macarrão. Misture bem. Cozinhe em fogo alto,

mexendo sempre, até que a massa fique al dente, macia, mas firme na mordida. Escorra o macarrão e reserve um pouco da água do cozimento.

4. Misture o macarrão com espinafre, ricota e queijo em uma tigela grande e aquecida. Se a massa parecer seca, adicione um pouco da água do cozimento. Polvilhe com pimenta preta moída na hora e sirva imediatamente.

Rigatoni com quatro tipos de queijo

Rigatoni e Quattro Formaggi

Para 4-6 refeições

Os quatro queijos sugeridos abaixo são apenas sugestões. Use o que você tem em mãos. Os pedaços secos também são bons para ralar. Não consigo pensar em um queijo que não combine bem com macarrão. Já comi versões dessa massa em Roma, Toscana e Nápoles e suspeito que os chefs misturam essa variedade ao fazer pequenos lotes de queijos diferentes.

1 libra de rigatoni, ziti ou fusilli

Sal

6 colheres de sopa de manteiga sem sal derretida

1/2 xícara de Fontina Valle d'Aosta picada

1/2 xícara de mussarela fresca ralada

1/2 xícara de Gruyère ou Emmenhaler picado

3/4 xícara de Parmigiano-Reggiano ralado na hora

Pimenta preta moída na hora

1. Leve pelo menos 4 litros de água para ferver em uma panela grande. Adicione 2 colheres de sopa de sal e depois o macarrão. Misture bem. Cozinhe em fogo alto, mexendo sempre, até a massa ficar al dente, macia, mas ainda firme. Escorra o macarrão e reserve um pouco da água do cozimento.

2. Misture a massa com a manteiga em uma tigela grande e aquecida. Adicione o queijo e algumas colheres de sopa de água do macarrão. Mexa até o queijo derreter. Polvilhe com pimenta preta e sirva imediatamente.

Linguine com molho cremoso de nozes

Linguine com Salsa di Nocival

Para 4-6 refeições

Minha amiga Pauline Wasserman encontrou essa receita em uma viagem ao Piemonte e me deu há alguns anos. As nozes conferem à massa um sabor rico, enquanto a ricota a mantém cremosa e úmida. Sirvo com Dolcetto, um vinho tinto leve e seco do Piemonte.

1/2 xícara de nozes

2 colheres de sopa de pinhões

4 colheres de sopa de manteiga sem sal

1 dente de alho pequeno, bem picado

1 colher de sopa de salsa fresca picada

1Colher 1/4 xícara de ricota, mascarpone ou creme

Sal

1 libra de linguine

1/2 xícara de Parmigiano-Reggiano ralado na hora

1. Coloque as nozes e os pinhões no processador de alimentos ou no liquidificador. Moa as nozes finamente. (Não faça uma pasta.)

2. Derreta a manteiga em uma panela média em fogo médio. Adicione o alho e a salsa e cozinhe por 1 minuto. Junte as avelãs e a ricota. Mexa e aqueça.

3. Enquanto isso, leve para ferver cerca de 4 litros de água em uma panela grande. Adicione 2 colheres de sopa de sal, em seguida adicione o macarrão e pressione suavemente até ficar completamente submerso na água. Misture bem. Cozinhe, mexendo sempre, até que a massa fique al dente, macia, mas firme na mordida. Reserve um pouco da água do cozimento. Escorra a massa.

4. Coloque o macarrão com o molho e o queijo ralado em uma tigela grande e aquecida. Se a massa parecer seca,

adicione um pouco da água do cozimento. Sirva imediatamente.

Voo com Amaretti

Farfalle com Amaretti

Para 4-6 refeições

Uma das especialidades da Lombardia é o macarrão de ovo fresco recheado com abóbora e amaretti ralado, biscoitos crocantes de amêndoa (<u>Ravióli de abóbora com manteiga e amêndoas</u>). Banhado em manteiga derretida e polvilhado com parmesão salgado e com nozes, a combinação de sabores é extremamente inusitada e inesquecível. Um garçom de uma pequena trattoria em Cremona me contou que esta receita simples de massa seca foi inspirada neste prato sofisticado.

Se as passas estiverem secas, adicione-as à água fervente do macarrão antes de escorrer.

Sal

1 libra de farfalle

1 barra de manteiga sem sal derretida

12-16 biscoitos amaretti esmagados (cerca de 1/2 xícara de migalhas)

1/3 xícara de passas douradas

1 xícara de Parmigiano-Reggiano ralado

1. Leve pelo menos 4 litros de água para ferver em uma panela grande. Adicione 2 colheres de sopa de sal e depois o macarrão. Misture bem. Cozinhe em fogo alto, mexendo sempre, até que a massa fique al dente, macia, mas firme na mordida. Reserve um pouco da água do cozimento. Escorra a massa.

2. Coloque a manteiga em uma tigela grande e quente. Adicione a massa e misture com as migalhas de bolo e as passas. Adicione o queijo e misture novamente. Se a massa parecer seca, adicione um pouco da água do cozimento. Sirva quente.

Espaguete com ovo frito à Salerno

Espaguete l'Uuovo Fritto alla Salernitana

Para 2 porções

Embora tenha ouvido falar desta receita na região de Nápoles, só a experimentei um dia quando pensei que não havia nada em casa que pudesse cozinhar para mim e para o meu marido. É leve e agradável e pode até ser servido como lanche. Os ovos devem ser cozidos até que as claras estejam macias e as gemas ainda macias. Os ingredientes desta receita rendem duas porções, mas você pode dobrar ou triplicar se necessário.

4 onças de espaguete ou linguine

Sal

2 colheres de sopa de azeite

4 ovos

1/2 xícara de Pecorino Romano ralado na hora

Pimenta preta moída na hora

1. Leve pelo menos 4 litros de água para ferver em uma panela grande. Adicione 2 colheres de sopa de sal, em seguida adicione o macarrão e pressione suavemente até ficar completamente submerso na água. Misture bem. Cozinhe em fogo alto, mexendo sempre.

2. Aqueça o azeite em uma frigideira grande em fogo médio-alto. Adicione os ovos e polvilhe com sal e pimenta. Cozinhe até que as claras estejam macias e as gemas ainda macias.

3. Escorra o macarrão e reserve um pouco da água do cozimento. Despeje o queijo e 2-3 colheres de sopa de água sobre o macarrão.

4. Divida a massa entre 2 tigelas. Bata dois ovos por cima e sirva imediatamente.

Suflês de tagliarini

Suflês de tagliarini

Para 6 refeições

Algumas receitas chegam à minha cozinha por meio de desvios. Meu amigo Arthur Schwartz compartilhou essa coisa estranha comigo. Aprendeu com sua companheira de escola de culinária, a Baronesa Cecilia Bellelli Baratta, e ele com sua mãe Elvira. A família Baratta mora em Battipaglia, na província de Salerno, onde o pai de Cecilia trabalhava numa empresa de embalagem de tomate. Mas durante a Segunda Guerra Mundial a família viveu em Parma, onde era muito mais seguro.

Elvira (91 anos) ainda cozinha muita comida de Parma e afirma que é desta região que vem a ideia de soprar massa, embora existam outras variações também. Cecília ressalta que, ao contrário do que pensamos, os italianos do norte não detêm o monopólio do macarrão com ovo e dos molhos cremosos.

O especial desta receita é que ela não é feita com macarrão de ovo fresco, mas sim com macarrão de ovo seco. Procure tagliarini, cappellini ou cappelli di angelo, embora o tradicional macarrão fino com ovo também funcione. O sabor do limão faz com que o prato pareça ainda mais leve do que é.

Béchamel

4 colheres de sopa de manteiga sem sal

4 colheres de sopa de farinha de trigo

2 xícaras de leite

3/4 xícara de Parmigiano-Reggiano ralado

1/8 colher de chá de noz-moscada ralada na hora

11/2 colheres de chá de sal

1/2 colher de chá de pimenta preta moída na hora

Raspas finamente raladas de 1 limão

Suco de 1 limão

4 ovos grandes, separados

Sal

8 onças de tagliarini seco ou outro macarrão de ovo seco fino, quebrado em pedaços de 7 cm

4 colheres de sopa de manteiga sem sal

1 clara de ovo

1/4 xícara mais 2 colheres de sopa de pão ralado seco

1. Para fazer o molho: Derreta a manteiga em uma panela pequena em fogo médio-alto. Junte a farinha com um batedor e cozinhe por 2 minutos.

2. Mexa sempre, acrescente o leite. Deixe ferver, mexendo sempre. Retire do fogo e misture o queijo. Deixe esfriar um pouco antes de misturar a noz-moscada, o sal, a pimenta, as raspas de limão e o suco.

3. Transfira a mistura para uma tigela grande e deixe esfriar até a temperatura ambiente. (Se estiver com pressa, esfrie a mistura colocando a tigela em outra tigela com água gelada.) Adicione as gemas e misture bem.

4. Ferva cerca de 3 litros de água. Adicione 2 colheres de sopa de sal e depois o macarrão. Cozinhe até a metade. A massa ficará flexível, mas ainda dura no meio. Seque bem. Retorne o macarrão para a panela onde foi cozido e cubra com as 2 colheres de sopa restantes de manteiga. Deixe a massa esfriar um pouco.

5. Coloque a grelha no centro do forno. Pré-aqueça o forno a 375°F. Unte uma assadeira de 9x9x2 polegadas com 1 colher de sopa da manteiga restante. Polvilhe com cerca de 1/4 xícara de pão ralado e cubra bem a assadeira.

6. Bata as claras com uma pitada de sal em uma tigela grande com a batedeira em velocidade média até formar picos moles. Misture delicadamente a clara de ovo na mistura bechamel. Misture gradualmente o molho na massa usando uma espátula de borracha. Trabalhe com

cuidado para evitar reduzir muito o teor de proteína. Raspe a mistura na assadeira preparada.

7. Polvilhe com as 2 colheres de sopa restantes de pão ralado. Regue com 1 colher de sopa de manteiga restante.

8º. Asse por 30 minutos ou até que o suflê esteja inchado e levemente dourado.

9. Para maior comodidade, corte em quadradinhos e sirva imediatamente. O suflê afundará um pouco à medida que esfria.

Espaguete no carvão

Espaguete à carbonara

Para 6-8 refeições

Os romanos devem a inspiração para esta massa rápida ao trabalhador carvoeiro. Diz-se que uma pitada generosa de pimenta preta lembra pó de carvão!

Alguns chefs americanos acrescentam creme ao molho, mas é assim que se prepara em Roma.

4 onças de pancetta, cortada em fatias grossas

1 colher de sopa de azeite

3 ovos grandes

Sal e pimenta preta moída na hora

1 kg de espaguete ou linguine

3/4 xícara de Pecorino Romana ou Parmigiano-Reggiano ralado na hora

1. Corte a pancetta em pedaços de 1/4 de polegada. Despeje o óleo em uma panela grande o suficiente para conter todo o macarrão cozido. Adicione a pancetta. Cozinhe em fogo médio-alto até que a pancetta esteja dourada nas bordas, cerca de 10 minutos. Desligue o aquecimento.

2. Em uma tigela média, bata os ovos com bastante sal e pimenta.

3. Leve pelo menos 4 litros de água para ferver em uma panela grande. Adicione 2 colheres de sopa de sal, em seguida adicione o macarrão e pressione suavemente até ficar completamente submerso na água. Misture bem. Cozinhe em fogo alto, mexendo sempre, até que a massa fique al dente, macia, mas firme na mordida. Escorra o macarrão e reserve um pouco da água do cozimento.

4. Adicione o macarrão cozido à panela com a pancetta e misture bem em fogo médio. Adicione o ovo e um pouco de água do cozimento. Misture delicadamente até a massa ficar cremosa. Polvilhe com queijo e pimenta. Misture bem e sirva imediatamente.

Bucatini com tomate, pancetta e calabresa

Bucatini all'Amatriciana

Para 4-6 refeições

Amatrice é o nome de uma cidade de Abruzzo. Muitas pessoas desta região estabeleceram-se em Roma e esta receita tornou-se um dos pratos mais famosos da cidade. Tal como acontece com todas as tradições, há divergências sobre como mantê-la adequadamente. Certa vez, ouvi um programa de rádio sobre esse assunto em Roma, onde discutiram os prós e os contras de adicionar cebolas por uma hora.

Eu tentei muitas variações e gostei mais desta. O bucatini, um espaguete bem grosso com um buraco no meio, é tradicional, mas difícil de comer. Ao contrário do espaguete, do linguine e de outras massas de fios longos, elas não saem do garfo, especialmente quando cozidas, como os romanos gostavam de fazer. Massas curtas e finas, como o penne, são igualmente boas e muito mais saborosas de comer.

2 colheres de sopa de azeite

2 onças de pancetta fatiada, com cerca de 1⁄8 polegada de espessura, cortada em pedaços pequenos

1 cebola média picada finamente

Uma pitada de pimenta vermelha moída

1⁄2 xícara de vinho branco seco

1 lata (28 onças) de pelatas italianas importadas, escorridas e picadas

Sal

1 libra de bucatini, perciatella ou penne

1⁄2 xícara de Pecorino Romano ralado na hora

1. Despeje o óleo em uma panela grande o suficiente para conter todo o macarrão cozido. Adicione a pancetta, a cebola e a pimenta vermelha moída. Cozinhe em fogo médio-alto, mexendo ocasionalmente, até que a pancetta e a cebola estejam douradas, cerca de 12 minutos.

2. Despeje o vinho e deixe ferver.

3. Tempere com os tomates e o sal. Leve o molho para ferver e cozinhe, mexendo de vez em quando, até engrossar o molho, cerca de 25 minutos.

4. Leve pelo menos 4 litros de água para ferver em uma panela grande. Adicione 2 colheres de sopa de sal e depois o macarrão. Misture bem. Cozinhe em fogo alto, mexendo sempre, até que a massa fique al dente, macia, mas firme na mordida. Reserve um pouco da água do cozimento. Escorra a massa.

5. Adicione o macarrão à panela com o molho. Mexa o macarrão e o molho em fogo alto até que o macarrão esteja revestido, cerca de 1 minuto. Adicione um pouco de água fervente se a massa parecer seca. Retire do fogo. Adicione o queijo e misture bem. Sirva imediatamente.

Penne com pancetta, pecorino e pimenta preta

Penne à Gricia

Para 4-6 refeições

Lembrei-me de como essa massa poderia ser boa no restaurante San Domenico, em Nova York, onde foi preparada para o almoço em homenagem à culinária romana. Tive que expandir essa coleção.

Penne alla Gricia é um parente próximo e provável ancestral do esquerdo Bucatini all'Amatriciana. As receitas tradicionais de ambos contêm os mesmos ingredientes – carne seca, banha e queijo feta ralado, que eram os sabores característicos das massas antes da chegada dos tomates do Novo Mundo e serem adotados na Itália. A banha acrescenta um sabor excelente, mas você também pode substituí-la por azeite, se preferir.

Em Roma eles fazem isso com guanciale, bochechas de porco marinadas. Guanciale é difícil de encontrar, a menos que você more perto de um açougue italiano, mas a pancetta é muito semelhante. Se possível, corte fatias com cerca de 1/8 de polegada de espessura. Para facilitar o corte das fatias, experimente congelá-las brevemente em papel manteiga.

2 colheres de sopa de banha ou azeite

4 onças de guanciale ou pancetta fatiada, com cerca de 1/8 polegada de espessura, cortada em pedaços pequenos

Sal

1 quilo de espaguete

1/2 xícara de Pecorino Romano ralado na hora

1/2 colher de chá de pimenta preta moída na hora ou mais a gosto

1. Em uma frigideira grande o suficiente para conter toda a massa cozida, aqueça a gordura ou o azeite em fogo médio-alto. Adicione guanciale ou pancetta e cozinhe, mexendo sempre, até ficar crocante e dourado, 10 minutos.

2. Leve pelo menos 4 litros de água para ferver em uma panela grande. Adicione 2 colheres de sopa de sal e depois o macarrão. Misture bem. Cozinhe em fogo alto, mexendo sempre, até que a massa fique al dente, macia, mas firme na mordida. Reserve um pouco da água do cozimento. Escorra a massa.

3. Coloque o macarrão em uma panela e misture com o queijo, a pimenta e algumas colheres de água até que o macarrão esteja bem revestido. Sirva imediatamente com pimenta adicional, se necessário.

Penne com carne de porco e couve-flor

Macarrão Incaciata

Para 4-6 refeições

Minha amiga Carmella Ragusa me mostrou como fazer essa receita, que aprendeu visitando uma família na Sicília.

2 colheres de sopa de azeite

2 dentes de alho picados finamente

8 onças de carne de porco moída

1 colher de chá de sementes de erva-doce

1/2 xícara de vinho tinto seco

1 qullo de tomate ameixa fresco, descascado, sem sementes e cortado em cubos ou 2 xícaras de tomate italiano importado em lata, escorrido e cortado em cubos

Sal e pimenta preta moída na hora

3 xícaras de florzinhas de couve-flor

1 quilo de lápis

Cerca de 1 xícara de Pecorino Romano ralado na hora

1. Despeje o óleo em uma panela grande. Adicione o alho e cozinhe em fogo médio até dourar, cerca de 2 minutos. Adicione a carne de porco e as sementes de erva-doce e misture bem. Cozinhe, mexendo ocasionalmente, até a carne dourar, cerca de 15 minutos.

2. Adicione o vinho e cozinhe por 3 minutos até que a maior parte do líquido tenha evaporado.

3. Adicione os tomates e sal e pimenta, se desejar. Cozinhe por 15 minutos ou até o molho amolecer um pouco.

4. Leve pelo menos 4 litros de água para ferver em uma panela grande. Adicione a couve-flor e 2 colheres de sopa de sal. Cozinhe por 10 minutos até a couve-flor ficar macia. Esvazie a couve-flor com uma escumadeira e escorra bem. Não jogue fora a água.

5. Adicione a couve-flor ao molho e cozinhe por mais 10 minutos, mexendo sempre e partindo os pedaços com uma colher, até o molho engrossar.

6. Leve a água para ferver e acrescente o macarrão. Cozinhe, mexendo sempre, até que a massa fique al dente, macia, mas firme na mordida. Reserve um pouco da água do cozimento. Escorra a massa.

7. Coloque a massa em uma tigela aquecida. Despeje o molho sobre o macarrão, diluindo em água fervente se necessário. Adicione o queijo e misture bem. Sirva imediatamente.

Espaguete com molho de vodka

Espaguete com vodca

Para 4-6 refeições

Segundo meu amigo Arthur Schwartz, autor de um livro de receitas e especialista em segurança alimentar, essa massa foi inventada na Itália na década de 1970 como parte de uma campanha publicitária de uma grande empresa de vodca. Comprei-o pela primeira vez em Roma, mas agora parece ser mais popular nos EUA do que na Itália.

1/4 xícara de manteiga sem sal

1/4 xícara de chalotas picadas

2 onças de presunto italiano importado fatiado, cortado em tiras finas

1 lata (28 onças) de pelatas italianas importadas, escorridas e picadas grosseiramente

1/2 colher de chá de pimenta vermelha esmagada

Sal

½ xícara de creme

¼ xícaras de vodca

1 kg de espaguete ou linguine

½ xícara de Parmigiano-Reggiano ralado na hora

1. Em uma frigideira grande o suficiente para conter todo o macarrão cozido, derreta a manteiga em fogo médio-alto. Adicione as chalotas e frite até dourar, cerca de 2 minutos. Junte o presunto e cozinhe por 1 minuto.

2. Adicione os tomates, a pimenta vermelha moída e o sal a gosto. Deixe ferver por 5 minutos. Junte o creme de leite e cozinhe por mais 1 minuto, mexendo bem. Adicione a vodka e cozinhe por 2 minutos.

3. Leve 4 litros de água para ferver em uma panela grande. Adicione 2 colheres de sopa de sal, em seguida adicione o macarrão e pressione suavemente até ficar completamente submerso na água. Cozinhe em fogo alto,

mexendo sempre, até ficar al dente, macio, mas firme na mordida. Reserve um pouco da água do cozimento. Escorra a massa.

4. Adicione o macarrão à panela com o molho. Adicione o macarrão ao molho em fogo alto até ficar bem revestido. Adicione um pouco de água fervente se o molho parecer muito grosso. Junte o queijo e misture novamente. Sirva imediatamente.

Borboleta com espargos, natas e presunto

Farfalle com aspargos

Para 6-8 refeições

Esta combinação é perfeita para um menu de primavera. Acho o creme muito rico, por isso sirvo esta massa em pequenas porções como primeiro prato antes de algo simples como vitela ou frango grelhado. Acrescentei pimentões assados picados nessa massa e gostei muito da combinação.

1kg de aspargos frescos, fatiados

Sal

1 xícara de creme

1 libra de farfalle

1/2 xícara de Parmigiano-Reggiano ralado na hora

2 onças de presunto italiano importado fatiado, cortado transversalmente em tiras finas

1. Leve cerca de 5 cm de água para ferver em uma panela grande. Adicione os aspargos e sal a gosto. Cozinhe até que os aspargos fiquem macios e dobrem ligeiramente ao serem retirados da água. O tempo de cozimento depende da espessura dos aspargos. Seque os aspargos. Corte-os em pedaços pequenos.

2. Leve o creme para ferver em uma panela pequena. Cozinhe por 5 minutos ou até engrossar ligeiramente.

3. Leve uma panela grande com água para ferver. Adicione 2 colheres de sopa de sal e depois o macarrão. Misture bem. Cozinhe em fogo alto, mexendo sempre, até que a massa fique al dente, macia, mas firme na mordida. Reserve um pouco da água do cozimento. Escorra a massa.

4. Coloque o macarrão, o creme de leite e o queijo em uma tigela grande e misture bem. Adicione um pouco de água fervente se o molho parecer muito grosso. Adicione os aspargos e o presunto e misture novamente. Sirva imediatamente.

Penas "puxadas" com molho de carne

Penne Strascinato

Para 6 refeições

Comi essa massa pela primeira vez em um pequeno restaurante campestre da Toscana, região onde cada chef a prepara do seu jeito. O nome "Penne" vem do fato de a massa terminar de cozinhar enquanto é misturada ao molho. Isso dá à massa o sabor do molho.

1/4 xícara de azeite

1 cebola média picada finamente

1 cenoura média, picada finamente

1 talo de aipo tenro, picado finamente

1 dente de alho bem picado

2 colheres de sopa de manjericão fresco picado

12 onças de vitela moída

1/2 xícara de vinho tinto seco

2 xícaras de tomates frescos descascados, sem sementes e cortados em cubos ou tomates pelados italianos importados em lata, escorridos e picados

1 xícara caseiraSopaobsessãosopa de galinhaou caldo de carne ou frango comprado em loja

Sal e pimenta preta moída na hora

1 quilo de lápis

1/2 xícara de Pecorino Romano ralado na hora

1/2 xícara de Parmigiano-Reggiano ralado na hora

1. Despeje o óleo em uma panela grande o suficiente para conter todo o macarrão cozido. Adicione a cebola, a cenoura, o aipo, o alho e o manjericão. Cozinhe em fogo médio-alto até que os vegetais estejam macios, cerca de 10 minutos.

2. Adicione a vitela e cozinhe, mexendo sempre, para desfazer os grumos, cerca de 10 minutos. Despeje o vinho e deixe ferver. Cozinhe por 1 minuto.

3. Junte os tomates e a sopa, tempere com sal e pimenta. Cozinhe em fogo baixo por 45 minutos, mexendo ocasionalmente.

4. Leve 4 litros de água para ferver em uma panela grande. Adicione 2 colheres de sopa de sal e depois o macarrão. Misture bem. Cozinhe em fogo alto, mexendo sempre, até que a massa esteja quase macia, mas levemente cozida. Reserve um pouco de água fervente. Escorra a massa.

5. Adicione o macarrão à panela e aqueça em fogo médio. Cozinhe o macarrão por 2 minutos, misture bem, acrescente um pouco de água se necessário. Junte o queijo e sirva imediatamente.

Espaguete estilo Caruso

Espaguete de Enrico Caruso

Para 6 refeições

Enrico Caruso, o grande tenor napolitano, adorava cozinhar e comer. Massa era sua especialidade e provavelmente uma de suas comidas favoritas.

¼ xícara de azeite

¼ xícara de chalotas ou cebolas picadas

8 onças de fígado de galinha, limpo e cortado em pedaços pequenos

1 colher de chá de alecrim picado

Sal e pimenta preta moída na hora

2 xícaras de tomates frescos descascados, sem sementes e cortados em cubos ou tomates pelados italianos importados em lata, escorridos e picados

1 kg de espaguete ou linguine

2 colheres de sopa de manteiga sem sal

1/2 xícara de Parmigiano-Reggiano ralado na hora

1. Despeje o óleo em uma panela grande o suficiente para conter todo o macarrão. Adicione a chalota. Cozinhe em fogo médio até ficar macio, cerca de 3 minutos. Adicione fígado, alecrim e sal e pimenta, se desejar. Cozinhe por 2 minutos ou até que o fígado não fique mais rosado.

2. Junte os tomates e deixe ferver. Cozinhe por 20 minutos ou até engrossar um pouco.

3. Leve 4 litros de água para ferver em uma panela grande. Adicione 2 colheres de sopa de sal, em seguida adicione o macarrão e pressione suavemente até ficar completamente submerso na água. Misture bem. Cozinhe em fogo alto, mexendo sempre, até que a massa fique al dente, macia, mas firme na mordida. Reserve um pouco da água do cozimento. Escorra a massa.

4. Adicione o espaguete ao molho e leve ao fogo alto por 1 minuto. Adicione um pouco de água fervente se o molho parecer muito grosso. Adicione a manteiga e o queijo e misture novamente. Sirva imediatamente.

Pennes com feijão e pancetta

Penne e Fagioli

Para 4-6 refeições

Algumas receitas de macarrão e feijão são espessas e pastosas, feitas com partes iguais de feijão e macarrão. Esta versão toscana é realmente macarrão com feijão e molho de tomate.

2 colheres de sopa de azeite

2 1/2 onças de pancetta, picada finamente

1 cebola média picada finamente

1 dente de alho grande, descascado e picado

Escorra 2 xícaras de cranberries cozidos ou enlatados ou feijão cannellini

1/2 libra de tomate ameixa, descascado, sem sementes e cortado em cubos ou 3 xícaras de tomate italiano enlatado importado, escorrido e cortado em cubos

Sal a gosto

1 quilo de lápis

Pimenta preta moída na hora

1/2 xícara de salsa picada

1/2 xícara de Parmigiano-Reggiano ralado na hora

1. Despeje o óleo em uma panela grande. Adicione a pancetta. Cozinhe em fogo médio, mexendo ocasionalmente, por 10 minutos ou até dourar levemente. Adicione a cebola e cozinhe até ficar macia e dourada, cerca de 10 minutos.

2. Junte o alho e cozinhe por mais 1 minuto. Adicione o feijão, o tomate, o sal e a pimenta. Deixe cozinhar por 5 minutos.

3. Leve cerca de 4 litros de água para ferver em uma panela grande. Adicione 2 colheres de sopa de sal e depois o macarrão. Misture bem. Cozinhe em fogo alto, mexendo sempre, até que a massa fique al dente, macia, mas firme

na mordida. Reserve um pouco da água do cozimento. Escorra a massa.

4. Misture o macarrão com o molho e a salsa em uma tigela grande e quente. Adicione um pouco de água do cozimento, se necessário. Adicione o queijo e misture novamente. Sirva com Parmigiano-Reggiano ralado na hora.

Macarrão com grão de bico

Pashto e Ceci

Para 4 porções

Uma gota de azeite virgem extra completa perfeitamente a massa de grão de bico. Se você quiser apimentar as coisas, experimente algo<u>óleo sagrado</u>.

2 colheres de sopa de azeite

2 onças de pancetta de corte grosso, finamente picada

1 cebola roxa média, picada finamente

1 quilo de tomate descascado, limpo e fatiado

1 colher de sopa de sálvia fresca picada

Uma pitada de pimenta vermelha moída

Sal

Escorra 2 xícaras de grão de bico cozido ou enlatado

8 onças de macarrão pequeno, como cotovelos ou ditais

Azeite virgem extra

1. Despeje o óleo em uma panela grande. Adicione a pancetta e a cebola e cozinhe em fogo moderado, mexendo ocasionalmente, até ficar macia e dourada, cerca de 10 minutos.

2. Adicione os tomates, 1/2 xícara de água, sálvia, páprica e sal a gosto. Deixe ferver e cozinhe por 15 minutos. Adicione o grão de bico e cozinhe por mais 10 minutos.

3. Leve cerca de 4 litros de água para ferver em uma panela grande. Junte 2 colheres de sopa de sal e acrescente o macarrão. Misture bem. Cozinhe, mexendo sempre, até o macarrão ficar macio, mas firme. Reserve um pouco da água do cozimento. Escorra a massa.

4. Adicione o macarrão à panela com o molho. Misture bem e deixe ferver, acrescentando um pouco de água do cozimento se necessário. Sirva imediatamente.

Rigoletto de Rigatoni

Macarrão ao Rigoletto

Para 6 refeições

Esta massa tem o nome de Rigoletto, o herói trágico da famosa ópera de Verdi. A história se passa em Mântua, onde essa massa é famosa.

2 ou 3 linguiças de porco italianas (cerca de 12 onças)

2 colheres de sopa de azeite

1 cebola média picada finamente

2 dentes de alho picados finamente

4 colheres de sopa de pasta de tomate

2 xícaras de água

2 xícaras de cranberries secos cozidos ou feijão cannellini, levemente escorridos

Sal e pimenta preta moída na hora

1 libra de rigatoni

1 colher de sopa de manteiga sem sal

1/4 xícara de manjericão fresco picado

1/2 xícara de Parmigiano-Reggiano ralado na hora

1. Retire o invólucro das salsichas e corte a carne em pequenos pedaços.

2. Despeje o óleo em uma panela grande o suficiente para conter todos os ingredientes. Adicione a cebola, a carne de linguiça e o alho. Cozinhe em fogo médio-alto, mexendo sempre, até as cebolas amolecerem e a salsicha dourar levemente, cerca de 15 minutos.

3. Adicione a pasta de tomate e a água. Deixe ferver e cozinhe por 20 minutos ou até engrossar um pouco.

4. Adicione o feijão e tempere com sal e pimenta. Cozinhe por 10 minutos e depois amasse o feijão com as costas de uma colher para deixar o molho cremoso.

5. Leve pelo menos 4 litros de água para ferver em uma panela grande. Adicione 2 colheres de sopa de sal e depois o macarrão. Misture bem. Cozinhe em fogo alto, mexendo sempre, até que a massa fique al dente, macia, mas firme na mordida. Reserve um pouco da água do cozimento. Escorra a massa.

6. Adicione o macarrão à panela com o molho, mexa e cozinhe por 1 minuto. Adicione um pouco de água se necessário. Junte a manteiga e o manjericão. Adicione o queijo e misture novamente. Sirva imediatamente.

Espaguete frito da Anna

Espaguete frito à Anna

Para 4 porções

Quando meu marido e um grupo de amigos visitaram Anna Tasco Lanza, proprietária de uma escola de culinária, na fazenda e vinícola de sua família em Regaleali, na Sicília, fizemos várias refeições. No final da nossa estadia decidimos fazer um almoço simples na geladeira. Enquanto o resto de nós trabalhávamos cortando o pão e o queijo, servindo o vinho e preparando a salada, Anna pegou um pouco de espaguete que sobrou e jogou em uma frigideira pesada. Em poucos minutos a massa se transformou em um bolo dourado e crocante que todos devoraram. Anna ficou surpresa por termos gostado tanto e disse que só deveria ser feito com sobras de massa. Minha amiga Judith Weber finalmente aprendeu mais sobre o preparo e me passou a receita.

4-8 onças de sobras de espaguete frio<u>Molho de tomate siciliano</u>obsessão<u>Molho marinara</u>

3 colheres de sopa de azeite

2 colheres de sopa de Pecorino Romano ralado

1. Se necessário, prepare espaguete com molho de tomate. Leve à geladeira por pelo menos 1 hora ou durante a noite.

2. Aqueça 2 colheres de sopa de óleo em uma frigideira grande antiaderente em fogo médio-alto. Regue 1 colher de sopa de queijo com azeite e coloque imediatamente o macarrão na frigideira. Nivele com as costas de uma colher. A massa não deve ter mais profundidade do que 3/4 polegadas.

3. Asse a massa, pressionando-a ocasionalmente contra a assadeira, até dourar e ficar crocante, cerca de 20 minutos. De vez em quando, passe uma espátula fina por baixo da massa para evitar que grude.

4. Quando a massa estiver bem assada, retire a panela do fogo. Deslize a espátula por baixo da massa para evitar que grude. Coloque uma tigela grande invertida na

panela. Usando as mãos para protegê-las, vire a panela e o prato para que os hambúrgueres caiam da panela para o prato.

5. Adicione o restante do azeite e do queijo na panela. Deslize a massa de volta para a assadeira com o lado crocante voltado para cima. Asse da mesma maneira que o primeiro lado por mais 15 minutos, até dourar e ficar crocante. Corte em rodelas e sirva quente.

Timbale de macarrão de berinjela

Macarrão ao Timballo

Para 6 refeições

Fatias de berinjela com macarrão, queijo e carne em cúpula são um prato espetacular para uma festa ou ocasião especial. O preparo não é difícil, mas tome muito cuidado ao tirar a massa pesada do forno ainda quente.

Na Sicília, é feito com caciocavallo, queijo semiduro de leite de vaca vendido em tripa em formato de pêra. O nome significa queijo de cavalo e o motivo pelo qual é chamado tem sido debatido há séculos. Alguns historiadores acreditam que o queijo foi originalmente feito com leite de égua, enquanto outros acreditam que já foi transportado em um cavalo pendurado em estacas. O Caciocavallo é semelhante ao provolone, que pode ser substituído ou utilizado pelo Pecorino Romano.

2 berinjelas médias (cerca de 1 quilo cada)

Sal

azeite

1 cebola roxa média, picada finamente

1 dente de alho picado

8 onças de carne moída

8 onças de linguiça de porco italiana, com pele e cortada em cubos

2 libras de tomate fresco, descascado, sem sementes e cortado em cubos, ou 1 (28 onças) de pelado italiano importado, picado

1 xícara de ervilhas frescas ou congeladas

Pimenta preta moída na hora

1 libra de perciatelli ou bucatini

12 onças de mussarela fatiada

1 xícara de Caciocavallo ou Pecorina Romano ralado na hora

3 onças de salame cortado em cubos

2 colheres de sopa de manjericão fresco picado

2 ovos cozidos, fatiados

1. Corte a berinjela longitudinalmente em fatias de 1/4 de polegada de espessura. Polvilhe generosamente as fatias com sal e coloque-as em uma peneira para escorrer por pelo menos 30 minutos. Enxágue as janelas e seque.

2. Aqueça óleo de 1/4 polegada em uma frigideira grande em fogo médio-alto. Frite as fatias individualmente até dourar levemente dos dois lados, cerca de 5 minutos de cada lado. Escorra em papel toalha.

3. Despeje o óleo em uma panela grande. Adicione a cebola e o alho e cozinhe em fogo médio-alto, mexendo sempre, até a cebola amolecer, cerca de 5 minutos. Adicione a carne e a salsicha. Cozinhe, mexendo sempre, até dourar levemente, cerca de 10 minutos.

4. Adicione os tomates e sal e pimenta, se desejar. Cozinhe em fogo baixo por 20 minutos. Adicione as ervilhas e cozinhe por mais 10 minutos ou até o molho engrossar.

5. Leve pelo menos 4 litros de água para ferver em uma panela grande. Adicione 2 colheres de sopa de sal e depois o macarrão. Misture bem. Cozinhe em fogo alto, mexendo sempre, até a massa ficar macia, mas ainda bem firme. Escorra o macarrão e coloque-o novamente na panela. Misture o macarrão com o molho. Deixe esfriar por 5 minutos.

6. Forre uma tigela ou assadeira de 4 litros com papel alumínio e reserve. Unte o papel alumínio com azeite. Começando pelo centro da tigela, arrume metade das rodelas de berinjela, sobrepondo levemente o interior, deixando algumas rodelas por cima.

7. Adicione a mussarela, o queijo ralado, o salame e o manjericão junto com o macarrão e misture bem. Adicione metade da massa à tigela preparada, tomando cuidado para não danificar a berinjela. Disponha as rodelas de ovo sobre a massa. Coloque por cima o restante da massa e as rodelas de berinjela guardadas. Pressione levemente.

8º. Coloque a grelha no centro do forno. Pré-aqueça o forno a 400°F. Asse por 45-60 minutos ou até que o centro esteja quente (140°F em um termômetro de leitura instantânea). (O tempo exato de cozimento depende do diâmetro da assadeira.)

9. Deixe o timbale repousar por 15 minutos. Inverta a tigela em um prato de servir. Retire a tigela e retire cuidadosamente o papel alumínio. Sirva imediatamente.

Ziti Frito

Ziti al Forno

Para 8-12 porções

Essa massa frita é popular no sul da Itália. Numa altura em que poucas famílias tinham fornos, as formas de massa eram levadas à padaria local para serem assadas depois de o padeiro terminar de cozer o pão do dia.

4 xícaras <u>Ragu napolitano</u>

Sal

1 libra de ziti, penne ou rigatoni

1 quilo de ricota inteira ou parcialmente desnatada

1 xícara de queijo Pecorino Romano ou Parmigiano-Reggiano ralado na hora

12 onças de mussarela fresca, fatiada ou ralada

1. Se necessário, prepare o ragu. Em seguida, leve 4 litros de água para ferver em uma panela grande. Adicione 2 colheres de sopa de sal e depois o macarrão. Misture bem. Cozinhe em fogo alto, mexendo sempre, até ficar quase macio. Escorra a massa.

2. Em uma tigela grande, misture o macarrão com 2 xícaras de ragu, 1 xícara de ricota e metade do queijo ralado. Corte algumas almôndegas e salsichas do ragu e misture na massa. (A carne restante pode ser servida como segundo prato.)

3. Coloque a grelha no centro do forno. Pré-aqueça o forno a 350°F. Espalhe metade do ziti em uma assadeira de 13x9x2 polegadas. Espalhe a ricota restante por cima. Polvilhe com mussarela. Despeje 1 xícara de molho. Cubra com o ziti restante e outra xícara de molho. Polvilhe com 1/2 xícara de queijo ralado restante. Cubra bem a tigela com papel alumínio.

4. Asse o ziti por 45 minutos. Cubra e leve ao forno por mais 15-30 minutos ou até que a lâmina de uma faca fina

esteja quente no centro e o molho borbulhe nas bordas. Deixe esfriar na gradinha por 15 minutos. Sirva quente.

Macarrão frito siciliano

Macarrão ao Forno à Siciliana

Para 12 refeições

A família do meu marido na Sicília gostava dessa massa em ocasiões especiais como Natal e Páscoa. Era a especialidade de sua avó Adele Amico, que veio de Palermo.

Anelini"Anéis pequenos" são formatos típicos de massa, mas são difíceis de encontrar. Fusilli lunghi, "fusilli longo" ou bucatini, espaguete grosso com um buraco no meio, são um bom substituto. É o prato de festa perfeito porque pode ser feito aos poucos ou com um dia de antecedência e é apreciado por muita gente.

Se não conseguir moldar a massa, você pode cortá-la em quadradinhos e servir direto da forma. Após o cozimento, uma pausa de 20-30 minutos garante que a massa mantenha a forma.

molho

1/4 xícara de azeite

1 cebola média picada finamente

2 dentes de alho picados finamente

1/4 xícara de purê de tomate

4 latas (28 onças) importadas de pelatas italianas

Sal e pimenta preta moída na hora

1/4 xícara de manjericão fresco picado

carregador

2 colheres de sopa de azeite

1/2 quilo de carne picada

1/2 quilo de carne de porco picada

1 dente de alho bem picado

Sal e pimenta preta moída na hora

1 xícara de ervilhas frescas ou congeladas

2 colheres de sopa de manteiga sem sal, amolecida

1 xícara de pão ralado seco

2kg de Annellini ou Perciatelli

Sal

1/2 xícara de Parmigiano-Reggiano ralado na hora

1/2 xícara de Pecorino Romano ralado na hora

1 xícara de provolone importado, picado

1. Para preparar o molho: Despeje o óleo em uma panela grande. Adicione a cebola e o alho. Cozinhe em fogo médio por 10 minutos ou até que a cebola e o alho estejam macios e dourados. Junte a pasta de tomate e cozinhe por 2 minutos.

2. Adicione os tomates e deixe ferver. Tempere com sal e pimenta e cozinhe, mexendo de vez em quando, por 1 hora ou até o molho engrossar. Junte o manjericão.

3. Para preparar o recheio: Aqueça o azeite em uma frigideira grande em fogo médio-alto. Adicione a carne, o alho e sal e pimenta a gosto. Cozinhe por 10 minutos, mexendo para desfazer os grumos. Quando a carne estiver dourada, adicione 2 xícaras do molho de tomate preparado. Deixe ferver e cozinhe até engrossar, cerca de 20 minutos. Adicione ervilhas. Deixe esfriar um pouco.

4. Unte com manteiga o fundo e as laterais de uma assadeira de 13 x 9 x 2 polegadas. Polvilhe a assadeira com pão ralado e espalhe.

5. Coloque a grelha no centro do forno. Pré-aqueça o forno a 375°F. Ferva pelo menos 4 litros de água em duas panelas grandes. Adicione 3 colheres de sopa de sal em cada panela e depois o macarrão. Misture bem. Cozinhe em fogo alto, mexendo sempre, até que a massa esteja macia, mas ligeiramente cozida. Escorra o macarrão e coloque-o novamente na panela. Misture o macarrão com 3 xícaras de molho de tomate puro e o queijo ralado.

6. Despeje cuidadosamente metade da massa na assadeira preparada, tomando cuidado para não mexer nas migalhas. Despeje o recheio de carne uniformemente sobre a massa. Polvilhe cubos de queijo por cima. Despeje o restante da massa por cima. Alise o conteúdo da panela com uma colher.

7. Prepare uma gradinha e uma bandeja grande ou tábua de cortar. Asse por 60-90 minutos ou até que a massa esteja bem aquecida e crocante. Deixe a massa esfriar na forma sobre uma gradinha por 30 minutos. Passe uma faca pequena ao redor da borda da panela. Proteja as mãos com luvas de cozinha e coloque a massa sobre uma assadeira ou tábua de cortar. Corte em quadradinhos e sirva quente com o restante do molho de tomate.

Macarrão Assado por Sophia Loren

Macarrão ao Forno à Loren

Para 8 a 10 porções

A atriz Sophia Loren gosta de cozinhar e até escreveu livros de receitas. Seu sobrenome verdadeiro é Scicolone, assim como o meu, embora meu nome venha do meu marido e de sua família siciliana. Tal como os meus avós, Sophia é natural de Nápoles, embora o meu nome de solteira fosse Scotto. Muitas vezes me perguntam se somos parentes. Não somos, embora admire a beleza e o talento de Sophia, tanto como atriz quanto como chef.

Esta é a minha opinião sobre uma receita de massa frita que já foi descrita como a favorita da empresa. Se você preparou a comida com antecedência e guardou na geladeira, acrescente pelo menos meia hora ao tempo de cozimento.

4 xícarasMolho à bolonhesaou outra carne e molho de tomate

   4 xícarasBéchamel

Sal

1 1/2 libra de penne, ziti ou mostaccioli

1 xícara de Parmigiano-Reggiano ralado na hora

1. Prepare os dois molhos, se necessário. Em seguida, unte uma forma de 13x9x2 polegadas.

2. Leve pelo menos 4 litros de água para ferver em uma panela grande. Adicione 2 colheres de sopa de sal e depois o macarrão. Misture bem. Cozinhe em fogo alto, mexendo sempre, até a massa ficar quase macia. Escorra a massa.

3. Coloque a grelha no centro do forno. Pré-aqueça o forno a 400°F. Reserve 1/4 xícara de queijo. Despeje metade do molho à bolonhesa sobre o macarrão. Espalhe cerca de 1/3 da massa na assadeira. Despeje cerca de 1/3 do molho bechamel e do queijo por cima. Despeje o molho à bolonhesa por cima.

4. Repita esse processo e adicione mais duas camadas com todos os ingredientes. Polvilhe com o queijo reservado.

5. Cubra a assadeira com papel alumínio. Asse até que se formem bolhas nas bordas e a lâmina de uma faca fina no centro fique quente, cerca de 45 minutos. Cubra e leve ao forno por mais 15 minutos. Retire a massa do forno. Deixe esfriar na gradinha por 15 minutos. Sirva quente.

Linguine com molho de mexilhão

Linguine é tudo Vongola

Para 4-6 refeições

Use a menor concha que encontrar, como um molusco Manila ou um pequeno gargalo. Os mexilhões da Nova Zelândia são comuns na minha região e talvez na sua também. Eles também funcionam bem. Os italianos usam mexilhões delicados, vongole, macios e de casca dura, com belos padrões em zigue-zague. Esses mexilhões não são muito granulados ou são bem limpos antes de cozinhar, pois os italianos não se preocupam em tirar os mexilhões da casca antes de preparar o molho.

Linguine com molho de amêijoas não pode ser servido com queijo ralado.

3 libras de amêijoas pequenas de casca dura ou amêijoas da Nova Zelândia, bem limpas

1/3 xícara de azeite de oliva extra virgem e um pouco mais para regar

4 dentes de alho picados finamente

2 colheres de sopa de salsa fresca picada

Uma pitada de pimenta vermelha moída

1 libra de linguine

Sal

1. Coloque as amêijoas em uma panela grande com 1/4 xícara de água em fogo médio-alto. Tampe a panela e cozinhe até o líquido ferver e os mexilhões abrirem. Retire os mexilhões abertos com uma escumadeira e coloque-os numa tigela. Continue cozinhando mexilhões fechados. Descarte aquele que não abre. Reserve o suco de amêijoa.

2. Recolha o suco em uma tigela pequena, raspe as cascas dos mexilhões e transfira para outra tigela. Despeje todo o líquido da panela em uma tigela junto com o suco. Se as

amêijoas estiverem ásperas, lave-as individualmente em suco de amêijoa. Coe o líquido em uma peneira de malha fina forrada com gaze.

3. Despeje o óleo em uma panela grande o suficiente para conter o macarrão cozido. Adicione o alho, a salsa e a pimenta vermelha moída. Cozinhe em fogo médio até o alho ficar dourado, cerca de 2 minutos. Adicione o suco de amêijoa. Cozinhe até que o líquido seja reduzido pela metade. Junte os mexilhões. Deixe cozinhar por mais 1 minuto.

4. Enquanto isso, leve pelo menos 4 litros de água para ferver em uma panela grande. Adicione 2 colheres de sopa de sal, depois acrescente o linguine e pressione suavemente até que a massa fique completamente submersa na água. Misture bem. Cozinhe, mexendo sempre, até o linguine ficar al dente, macio, mas firme na mordida. Escorra a massa.

5. Adicione o macarrão com o molho à panela e mexa bem em fogo alto. Adicione um fiozinho de azeite virgem extra e mexa novamente. Sirva imediatamente.

Espaguete toscano com mexilhões

Espaguete à Viaregina

Para 4-6 refeições

Aqui está outra versão de espaguete com mexilhões, feito em Viareggio, na costa da Toscana. Cebola, vinho e tomate conferem ao molho um sabor mais complexo.

3 libras de amêijoas pequenas de casca dura ou amêijoas da Nova Zelândia, bem limpas

Sal

⅓ xícara de azeite

1 cebola pequena, finamente picada

2 dentes de alho picados finamente

Uma pitada de pimenta vermelha moída

11/2 xícaras de tomates frescos descascados, sem sementes e cortados em cubos ou tomates italianos importados em lata, escorridos e picados

1/2 xícara de vinho branco seco

2 colheres de sopa de salsa fresca picada

1 kg de espaguete ou linguine

1. Coloque as amêijoas em uma panela grande com 1/4 xícara de água em fogo médio-alto. Tampe a panela e cozinhe até o líquido ferver e os mexilhões abrirem. Retire os mexilhões abertos com uma escumadeira e coloque-os numa tigela. Continue cozinhando mexilhões fechados. Descarte os que não estiverem abertos.

2. Recolha o suco em uma tigela pequena, raspe as cascas dos mexilhões e transfira para outra tigela. Despeje todo o líquido da panela em uma tigela junto com o suco. Se as amêijoas estiverem ásperas, lave-as individualmente em suco de amêijoa. Coe o líquido em uma peneira de malha fina forrada com gaze.

3. Despeje o óleo em uma panela grande. Adicione a cebola e cozinhe em fogo médio-alto, mexendo sempre, até a cebola dourar, cerca de 10 minutos. Adicione o alho e a pimenta vermelha esmagada e cozinhe por mais 2 minutos.

4. Junte os tomates, o vinho e o suco de amêijoa. Cozinhe por 20 minutos ou até o molho amolecer e engrossar.

5. Leve pelo menos 4 litros de água para ferver em uma panela grande. Adicione 2 colheres de sopa de sal, em seguida adicione o macarrão e pressione suavemente até ficar completamente submerso na água. Misture bem. Cozinhe em fogo alto, mexendo sempre, até que a massa fique al dente, macia, mas firme na mordida. Reserve um pouco da água do cozimento. Escorra a massa.

6. Junte os mexilhões e a salsa ao molho. Adicione um pouco de água se necessário. Misture o molho e o macarrão em uma tigela aquecida. Sirva imediatamente.

Linguine com anchovas e molho de tomate picante

Linguine alla Puttanesca

Para 4-6 refeições

A explicação usual para o nome italiano deste delicioso molho é que ele foi inventado por prostitutas de Roma ou Nápoles que não tinham muito tempo para cozinhar, mas queriam uma refeição quente e saborosa.

1/4 xícara de azeite

3 dentes de alho bem picados

Uma pitada de pimenta vermelha moída

1 lata (28 onças) de pelatas italianas importadas, escorridas e picadas

Sal

6 filés de anchova em fatias finas

1/2 xícara de Gaeta picada ou outras azeitonas pretas suaves

2 colheres de sopa de alcaparras lavadas e picadas finamente

2 colheres de sopa de salsa fresca picada

1 libra de linguine ou espaguete

1. Despeje o óleo em uma panela grande o suficiente para conter todo o macarrão cozido. Adicione o alho e a pimenta vermelha esmagada. Cozinhe até o alho ficar dourado, cerca de 2 minutos.

2. Adicione os tomates e uma pitada de sal. Deixe ferver e cozinhe por 15-20 minutos ou até o molho engrossar.

3. Adicione as anchovas, as azeitonas e as alcaparras e frite por mais 2-3 minutos. Junte a salsa.

4. Leve pelo menos 4 litros de água para ferver em uma panela grande. Adicione o linguine e sal a gosto. Pressione suavemente a massa até que fique completamente submersa na água. Cozinhe, mexendo sempre, até que a massa fique al dente, macia, mas firme na mordida. Reserve um pouco da água do cozimento. Escorra a massa.

5. Adicione o macarrão à panela com o molho. Cozinhe em fogo alto por 1 minuto, adicionando um pouco de água do cozimento se necessário. Sirva imediatamente.

Linguine com camarões e tomates pequenos

Linguine ao Granchio

Para 4-6 refeições

Em Nápoles, pequenas pimentas secas acrescentam sabor a muitos molhos de frutos do mar, mas use a pimenta vermelha com moderação, pois ela pode superar a delícia da carne de caranguejo. O mesmo vale para o alho, que nesta receita é usado apenas para dar sabor ao óleo de cozinha e depois retirado antes de adicionar o tomate e o camarão.

1/3 xícara de azeite

3 dentes de alho grandes, esmagados

Uma pitada de pimenta vermelha moída

2 litros de tomate cereja ou uva, cortados ao meio ou em quartos, se grandes

Sal e pimenta preta moída na hora

8 onças de carne de caranguejo fresca, colhida para remover pedaços de casca, ou lagosta cozida picada

8 folhas frescas de manjericão, rasgadas em pedaços

1 libra de linguine

1. Despeje o óleo em uma panela grande. Adicione os dentes de alho e a pimenta vermelha e cozinhe em fogo moderado. Pressione o alho uma ou duas vezes com as costas de uma colher até que fique com uma cor dourada profunda (cerca de 4 minutos). Retire o alho com uma escumadeira.

2. Adicione os tomates e sal e pimenta, se desejar. Cozinhe, mexendo sempre, até os tomates ficarem macios e o suco sair claro, cerca de 10 minutos.

3. Misture delicadamente o camarão e o manjericão. Retire do fogo.

4. Leve pelo menos 4 litros de água para ferver em uma panela grande. Adicione 2 colheres de sopa de sal, em seguida adicione o macarrão e pressione suavemente até

ficar completamente submerso na água. Misture bem. Cozinhe em fogo alto, mexendo sempre, até que o linguine fique al dente, macio, mas firme na mordida.

5. Escorra o macarrão e reserve um pouco da água do cozimento. Adicione o macarrão junto com o molho, acrescentando um pouco de água se parecer seco. Cozinhe em fogo alto por 1 minuto. Sirva imediatamente.

Linguine com molho misto de frutos do mar

Linguine ai Frutti di Mare

Para 4-6 refeições

Os pequenos tomates uva doces são cheios de sabor, como o Pomodorini della Collina, um pequeno tomate de encosta que cresce perto de Nápoles. Se os tomates uva não estiverem disponíveis, use tomates cereja ou tomates cereja frescos fatiados.

Você pode fazer esse molho no pouco tempo que leva para cozinhar o macarrão. Para garantir que nada transborde, prepare todos os ingredientes e equipamentos necessários antes de começar. Para economizar tempo e esforço, você pode usar anéis de lula já cortados.

1 libra de lula limpa (polvo)

6 colheres de sopa de azeite extra virgem e um pouco mais para regar

Sal

1 quilo de camarão médio, descascado e limpo

2 dentes de alho grandes, bem picados

1/4 xícara de salsinha fresca picada

Uma pitada de pimenta vermelha moída

1 litro de uva ou tomate cereja, cortado pela metade

1 libra de amêijoas pequenas ou de casca dura, limpas e sem casca conforme descrito nas etapas 1 e 2Linguine com molho de mexilhão, incluindo suco de frutas

1 libra de linguine ou espaguete fino

1. Corte o corpo da lula em rodelas de 1/2 polegada e corte a base dos tentáculos ao meio transversalmente. Corte o camarão em pedaços de 1/2 polegada. Seque os frutos do mar.

2. Em uma frigideira grande o suficiente para conter todos os ingredientes, aqueça 4 colheres de sopa de óleo em fogo médio-alto. Adicione a lula e o sal a gosto. Cozinhe,

mexendo sempre, até a lula ficar opaca, cerca de 2 minutos. Retire as lulas com uma escumadeira e coloque-as num prato. Adicione o camarão à panela e tempere com sal. Cozinhe, mexendo, até que os camarões não fiquem mais rosados, 1 minuto. Coloque o camarão no prato com as lulas.

3. Adicione as 2 colheres de sopa de óleo restantes na panela junto com o alho, a salsa e a páprica. Cozinhe, mexendo, até o alho ficar dourado, cerca de 2 minutos. Adicione os tomates e o suco de amêijoa. Cozinhe por 5 minutos ou até os tomates ficarem macios. Junte as lulas, os camarões e os mexilhões.

4. Leve pelo menos 4 litros de água para ferver em uma panela grande. Adicione 2 colheres de sopa de sal, em seguida adicione o macarrão e pressione suavemente até ficar completamente submerso na água. Misture bem. Cozinhe em fogo alto, mexendo sempre, até que a massa fique al dente, macia, mas firme na mordida. Escorra o macarrão e reserve um pouco da água do cozimento.

5. Adicione o macarrão à panela com os frutos do mar. Cozinhe em fogo alto por 30 segundos e despeje o molho sobre o macarrão. Adicione um pouco de água do cozimento, se necessário. Regue com azeite extra virgem e mexa novamente. Sirva quente.

Espaguete fino com pauzinhos

Espaguete com bottarga

Para 4-6 refeições

Bottarga são ovas secas e salgadas de tainha, atum ou outro peixe. A maioria vem da Sardenha ou da Sicília. Nas geladeiras de muitas peixarias e delicatessens é vendido inteiro, ralado ou ralado com descascador de legumes ou ralador de queijo. Há também uma variedade de pó seco vendida em garrafas. É conveniente, mas prefiro a versão gelada. O sabor da bottarga fica entre o caviar e as anchovas de alta qualidade.

1/3 xícara de azeite extra virgem

2 dentes de alho picados finamente

2 colheres de sopa de salsa fresca picada

Uma pitada de pimenta vermelha moída

Sal

1 kg de espaguete fino

3-4 colheres de sopa de sticarga ralada ou ralada

1. Despeje o óleo em uma panela grande o suficiente para conter todo o macarrão. Adicione o alho, a salsa e a pimenta. Cozinhe em fogo médio até o alho ficar dourado, cerca de 2 minutos.

2. Leve pelo menos 4 litros de água para ferver em uma panela grande. Adicione 2 colheres de sopa de sal e depois o macarrão. Misture bem e pressione suavemente a massa até que a água fique completamente submersa. Cozinhe em fogo alto, mexendo sempre, até que a massa fique al dente, macia, mas firme na mordida. Escorra o macarrão e reserve um pouco da água do cozimento.

3. Adicione o macarrão à panela e mexa bem em fogo alto por 1 minuto. Adicione um pouco de água do cozimento, se necessário. Polvilhe com bottarga e mexa novamente. Sirva imediatamente.

Espaguete veneziano integral com molho de anchova

Bigoli na salsa

Para 4-6 refeições

Em Veneza, o espaguete grosso de trigo integral é feito à mão com uma ferramenta especial chamada tochio, que funciona de forma semelhante a um moedor de carne. A massa passa pelos pequenos orifícios do queimador e sai em longos fios. Para esta receita, que é um clássico veneziano, uso espaguete seco de trigo integral.

1/4 xícara de azeite

2 cebolas roxas médias, cortadas ao meio e em fatias finas

1/2 xícara de vinho branco seco

1 (3 onças) xícara de filés de anchova

Sal

1kg de espaguete integral

Pimenta preta moída na hora

1. Despeje o óleo em uma panela grande o suficiente para conter todo o macarrão. Adicione a cebola e cozinhe em fogo médio até dourar, cerca de 10 minutos. Adicione o vinho e cozinhe, mexendo sempre, até a cebola ficar macia, mas não dourada, mais 15 minutos.

2. Escorra as anchovas e reserve o azeite. Adicione as anchovas à panela e mexa. Cozinhe por mais 10 minutos, mexendo sempre, até que as anchovas se dissolvam.

3. Leve pelo menos 4 litros de água para ferver em uma panela grande. Adicione 2 colheres de sopa de sal e depois o macarrão. Misture bem e pressione suavemente a massa até que a água fique completamente submersa. Cozinhe em fogo alto, mexendo sempre, até que a massa fique al dente, macia, mas firme na mordida. Reserve um pouco da água do cozimento. Escorra a massa.

4. Adicione o macarrão com o molho à panela e leve ao fogo alto por 1 minuto. Adicione um pouco de água se necessário. Regue com óleo de anchova, se desejar, e

polvilhe com pimenta moída na hora. Sirva imediatamente.

Espaguete estilo Capri

Espaguete à Caprese

Para 4-6 refeições

Peixe e queijo raramente são combinados na Itália porque o sabor picante do queijo pode superar o sabor do peixe. No entanto, existem exceções para todas as regras. Aqui está uma massa da ilha de Capri que combina dois tipos de peixes com mussarela. O sabor funciona porque o queijo é suave e rico, mas as anchovas e o atum dominam um pouco.

1/3 xícara de azeite

2 xícaras de tomates frescos descascados, sem sementes e cortados em cubos ou tomates italianos importados em lata escorridos e picados

Sal

4 filés de anchova finamente picados

1 lata (7 onças) de atum em azeite, escorrido e fatiado

12 azeitonas Gaeta ou outras azeitonas pretas suaves, sem caroço e fatiadas

Pimenta preta moída na hora

1 quilo de espaguete

Sal

4 onças de mussarela fresca, cortada em cubos

1. Em uma frigideira grande o suficiente para conter o macarrão cozido, aqueça o azeite em fogo médio-alto. Adicione os tomates e sal a gosto. Cozinhe, mexendo ocasionalmente, por 10-15 minutos ou até que o suco de tomate tenha evaporado. Desligue o aquecimento.

2. Misture os ingredientes picados com o molho de tomate. Adicione pimenta se necessário.

3. Leve pelo menos 4 litros de água para ferver em uma panela grande. Adicione 2 colheres de sopa de sal e depois o macarrão. Misture bem e pressione suavemente a massa até que a água fique completamente submersa.

Cozinhe em fogo alto, mexendo sempre, até que a massa fique al dente, macia, mas firme na mordida. Escorra o macarrão e reserve um pouco da água do cozimento.

4. Adicione o macarrão à panela com o molho e mexa bem em fogo médio-alto por 1 minuto. Adicione um pouco de água se a massa parecer seca. Adicione a mussarela e mexa novamente. Sirva imediatamente.

Linguine veneziano com camarões

Linguine al Gamberi alla Veneta

Para 6 refeições

Talvez porque a sua cidade já tenha sido um importante porto comercial no Oriente, os chefs venezianos estavam sempre dispostos a experimentar. Este linguine é aromatizado, por exemplo, com uma rodela de gengibre fresco, pouco utilizado na cozinha italiana, mas que combina perfeitamente com camarão.

11/2 libras de camarão, descascado e limpo

1/2 xícara de azeite

3 dentes de alho picados finamente

1 Pedaço de gengibre fresco de /4 polegadas de espessura, descascado

Uma pitada de pimenta vermelha moída

Sal a gosto

1 colher de sopa de suco de limão fresco

1 xícara de vinho branco seco

2 colheres de sopa de salsa fresca picada

1 libra de linguine

1. Lave e seque o camarão. Corte cada camarão em pedaços de 1/2 polegada.

2. Despeje o óleo em uma panela grande o suficiente para conter todo o macarrão cozido. Adicione o alho, o gengibre e a pimenta vermelha moída. Cozinhe em fogo médio até o alho ficar dourado, cerca de 2 minutos. Adicione o camarão e uma pitada grande de sal. Cozinhe, mexendo, até que o camarão esteja cozido, cerca de 2 minutos. Adicione o suco de limão e o vinho e deixe ferver. Deixe cozinhar por 2 minutos. Junte a salsa. Retire do fogo.

3. Leve pelo menos 4 litros de água para ferver em uma panela grande. Adicione 2 colheres de sopa de sal e depois o macarrão. Misture bem e pressione suavemente

a massa até que a água fique completamente submersa. Cozinhe em fogo alto, mexendo sempre, até que a massa fique al dente, macia, mas firme na mordida. Escorra o macarrão e reserve um pouco da água do cozimento.

4. Despeje a massa na panela e cozinhe em fogo alto, mexendo, até incorporar bem, por 1 minuto. Adicione um pouco de água do cozimento, se necessário. Retire o gengibre. Sirva imediatamente.

www.ingramcontent.com/pod-product-compliance
Lightning Source LLC
Chambersburg PA
CBHW070419120526
44590CB00014B/1458